TODO AMOR QUE PODEMOS TER

Editora Appris Ltda.
1.ª Edição - Copyright© 2021 dos autores
Direitos de Edição Reservados à Editora Appris Ltda.

Nenhuma parte desta obra poderá ser utilizada indevidamente, sem estar de acordo com a Lei nº 9.610/98. Se incorreções forem encontradas, serão de exclusiva responsabilidade de seus organizadores. Foi realizado o Depósito Legal na Fundação Biblioteca Nacional, de acordo com as Leis nᵒˢ 10.994, de 14/12/2004, e 12.192, de 14/01/2010.

Catalogação na Fonte
Elaborado por: Josefina A. S. Guedes
Bibliotecária CRB 9/870

O482t 2021	Oliveira, LMC
	Todo amor que podemos ter / LMC Oliveira. - 1. ed. - Curitiba : Appris, 2021.
	213 p. ; 23 cm.
	Inclui bibliografia.
	ISBN 978-65-250-0591-1
	1. Ficção brasileira. 2. Amor. I. Título. II. Série.
	CDD – 869.3

Editora e Livraria Appris Ltda.
Av. Manoel Ribas, 2265 – Mercês
Curitiba/PR – CEP: 80810-002
Tel. (41) 3156 - 4731
www.editoraappris.com.br

Printed in Brazil
Impresso no Brasil

LMC Oliveira

TODO AMOR QUE PODEMOS TER

FICHA TÉCNICA

EDITORIAL
Augusto V. de A. Coelho
Marli Caetano
Sara C. de Andrade Coelho

COMITÊ EDITORIAL
Andréa Barbosa Gouveia (UFPR)
Jacques de Lima Ferreira (UP)
Marilda Aparecida Behrens (PUCPR)
Ana El Achkar (UNIVERSO/RJ)
Conrado Moreira Mendes (PUC-MG)
Eliete Correia dos Santos (UEPB)
Fabiano Santos (UERJ/IESP)
Francinete Fernandes de Sousa (UEPB)
Francisco Carlos Duarte (PUCPR)
Francisco de Assis (Fiam-Faam, SP, Brasil)
Juliana Reichert Assunção Tonelli (UEL)
Maria Aparecida Barbosa (USP)
Maria Helena Zamora (PUC-Rio)
Maria Margarida de Andrade (Umack)
Roque Ismael da Costa Güllich (UFFS)
Toni Reis (UFPR)
Valdomiro de Oliveira (UFPR)
Valério Brusamolin (IFPR)

ASSESSORIA EDITORIAL
Cibele Bastos

REVISÃO
Andra Bassoto Gatto

PRODUÇÃO EDITORIAL
Gabrielli Masi

DIAGRAMAÇÃO
Yaidiris Torres

CAPA
Eneo Lage

COMUNICAÇÃO
Carlos Eduardo Pereira
Débora Nazário
Kananda Ferreira
Karla Pipolo Olegário

LIVRARIAS E EVENTOS
Estevão Misael

GERÊNCIA DE FINANÇAS
Selma Maria Fernandes do Valle

COORDENADORA COMERCIAL
Silvana Vicente

Dedico esta obra a todos aqueles que amam demais...

AGRADECIMENTOS

Agradeço, primeiramente, à minha mãe, Rita de Cássia, pelo apoio sempre incondicional e por ter acreditado em meus sonhos, ainda quando pareciam um tanto absurdos. E ao meu pai, Cleverson Donizette, por ser um eterno exemplo de vida e retidão.

Ao meu irmão Ivan Sérgio, que lê meus textos desde quando éramos crianças, sempre tecendo elogios e críticas construtivas, fazendo com que eu acreditasse que realmente tinha um dom para contar histórias. Ao meu irmão Daniel Riverson, que aceitou ler o livro em primeira mão, sendo um leitor beta[1] valoroso.

Agradeço aos meus filhos, Lara e André, que tiveram a paciência de ver a mãe sentada por horas em frente a um computador, mas ainda assim resistiram bravamente, fazendo o mínimo de barulho possível e ainda me concedendo os mais poderosos incentivos: o abraço caloroso e o beijo terno.

Ao meu esposo, Danilo, por sempre estar ao meu lado quando mais preciso.

Agradeço a todos os autores que li ao longo da vida, pois de tanto me apaixonar por suas histórias acabei acreditando que também seria capaz de criar um universo só meu.

E, por fim, agradeço a Deus, pois foi Ele quem me concedeu a graça de persistir neste projeto e de acreditar que seria possível concretizar o sonho de ter um livro publicado.

---

[1] Leitor beta – pessoa que faz a leitura inicial da obra dando retorno ao autor com opiniões sinceras quanto aos personagens e ao enredo.

SUMÁRIO

PARTE 1
QUANDO OS CAMINHOS SE CRUZAM...11

PARTE 2
A PERDA...23

PARTE 3
ENCONTROS E DESENCONTROS...39

PARTE 4
GANHANDO O MUNDO..95

PARTE 5
A CATARSE...111

PARTE 6
OUTRA FORMA DE AMOR...167

PARTE 7
DESTINO...183

PARTE 8
O FIM COMO CONSEQUÊNCIA...201

NOTAS DA AUTORA...211

PARTE 1

QUANDO OS CAMINHOS SE CRUZAM

Era outono, a estação do ano que Ana mais gostava. Adorava ver as folhas caindo e o avermelhado amarelo que as coloriam. Tinha apenas 10 anos, era pequena e magra, os cabelos muito lisos, pesados e negros, caídos nos ombros, a pele alva como uma nuvem, os olhos amendoados. Os lábios grossos eram o contraste aos traços finos. Era uma criança de alma livre e personalidade forte, e era bela e carismática.

Ana tinha saído da escola e como de costume havia percorrido a mata até chegar à cachoeira, e lá sempre se banhava nua. A água já estava gelada e o clima frio, um prelúdio do inverno – que sempre era muito rigoroso na região, mas ainda assim ela se banhava nas águas. Às vezes ia acompanhada das amigas da escola, mas naquele dia estava só.

Quando chegou em casa esperava constatar que o almoço já estaria gelado. Mais uma vez iria almoçar sozinha, mas não se importava, acostumara-se a isso, e não abria mão de se banhar na cachoeira depois da escola.

Além do mais, o inverno estava chegando e nessa estação se tornava impossível aproveitar aquelas águas. Em compensação, a cidade ficava bem interessante, cheia de pessoas diferentes, que buscavam o local, lotando as pousadas, na esperança de ver neve.

Aquele dia parecia ser como todos os outros, mas não foi. Ana chegou em casa, entrando pela porta da cozinha. Estava faminta. Notou a mesa posta, algo simples, como tudo na casa, mas os pratos estavam sobre a mesa e os talheres também; as travessas que só saíam do armário em ocasiões especiais estavam depositadas sobre a bancada, ainda vazias, à espera dos alimentos que seriam ali colocados.

Em cima do fogão estava um cardápio vasto, um banquete! Carne frescal, arroz carreteiro, paçoca de pinhão, salada verde e um mix de frutas secas. Lembrou-se de que não via tanta variedade de comida desde o Natal e era um dia de semana comum. Percorreu os olhos, não viu ninguém, mas ouviu as vozes que vinham da sala. Foi até lá.

Estava com a blusa toda encharcada nas costas e o jeans amarrotado, o cabelo ainda bem molhado. Quando entrou na sala notou a mãe sentada no sofá e, ao lado dela, um jovem. Mas o que lhe chamou a atenção foi que os dois estavam de mãos dadas.

Na outra poltrona estava Estela, a vizinha, bem mais velha que sua mãe, apesar de ainda ser nova. A questão era que Beatriz era muito jovem, havia tido Ana aos 15 anos de idade. Num arroubo juvenil de paixão e inconsequência engravidou de um turista, que passou algumas semanas do inverno na cidade e depois partiu sem deixar sequer um endereço ou telefone.

Ana foi criada por Beatriz, ou Beatriz foi criada por Ana. Às vezes ela tinha dúvidas quanto a isso. Invariavelmente, questionava-se: *como uma criança pode achar que vai criar outra criança?* Mas eram injustos esses questionamentos, ela acabava por reconhecer.

Beatriz fazia o possível para que nada faltasse a Ana e abdicou de sua juventude, amadurecendo precocemente, ainda mais por ter perdido os pais em um acidente de carro aos 21 anos de idade.

Ela era filha única, os avós já haviam falecido. Tinha dois tios por parte de pai, mas ambos moravam longe e com eles não mantinha qualquer contato. Por isso acabou ficando sozinha na vida, na criação de Ana e no enfrentamento das dificuldades.

O amadurecimento não foi uma escolha para Beatriz, foi uma necessidade, e isso a transformou em uma mulher dura, de pouca conversa e que quase nunca demonstrava sentimentos, especialmente os fraternais.

Estela sempre esteve ao lado de Ana e Beatriz. Ana se recordava pouco dos avós, que partiram quando ela tinha 6 anos de idade. Desde sempre, a referência que teve de família foi Beatriz e Estela.

Ela firmou os olhos, tentando entender aquela cena. A mãe sentada no sofá com os dedos entrelaçados com os de um jovem.

Ele aparenta ser tão jovem! Será que tem ao menos dezoito anos? Será um parente distante? Por que raios minha mãe está de mãos dadas com ele?

Ana sentiu suas mãos suarem e o coração disparar assim que seus olhos cruzaram com os dele. Seu queixo tremeu e a pele congelou. *Estou encharcada, por isso o frio e o tremor.*

— Ana... – disse Beatriz. – Enfim você chegou, minha filha. Hoje temos visita para o almoço. Quero que conheça Tomás. Ele é um amigo da mamãe.

Mamãe? Beatriz sequer se sentia à vontade de ser chamada de mãe, quanto mais de mamãe. Ao ouvi-la se referir a ela mesma como "mamãe", Ana constatou de imediato que aquele rapaz era alguém importante e que a ele estavam sendo dirigidas várias pompas, inclusive a falsa ideia de que entre elas transbordava carinho e intimidade.

— Não me recordo de amigos seus que tenham direito a banquete em meio de semana e muito menos de você de mãos dada sentada ao sofá, "mamãe" –. Ana respondeu, enfatizando a última palavra com tom sarcástico.

Tomás notou imediatamente a malícia no comentário da menina e, como que por instinto, soltou a mão de Beatriz, levantou-se e foi até Ana. Pegou em sua mão, notou o suor e que estava gelada, mas nada comentou, apenas disse que era um prazer, enfim, conhecê-la.

Beatriz se levantou e deu uma risada, daquelas que dava sempre que estava nervosa, e falou que a filha era direta como um raio em uma tempestade.

Dirigiu-se a Tomás e segurou novamente sua mão. Em seguida, olhou para Ana, com o olhar mais terno que conseguiu forjar, disse-lhe que, de fato, ele não era simplesmente um amigo, era alguém muito especial que havia conhecido fazia alguns meses e que naquele dia estavam oficializando o namoro, perante Ana e Estela, sua família.

Aquele comunicado de namoro deixou Ana ligeiramente atordoada. Sua mãe trabalhava muito, pouco tempo tinha para diversão. No período de entressafra pegava faxinas durante o dia e trabalhava à noite em um restaurante da cidade, e na época de safra das macieiras ela mesma as colhia – com a ajuda de Ana e de Estela –, e passava o dia inteiro fazendo as geleias que seriam vendidas nos mercados da cidade e de todas as cidades vizinhas, sendo que quando a safra era boa ela viajava para a capital, pois lá conseguia melhores preços.

Beatriz havia herdado uma chácara dos pais falecidos e havia aprendido com o pai a plantar, colher e cuidar de um pomar, onde cultivavam maçãs. E com a mãe aprendeu a fazer geleias.

Tinha o sonho de estudar e sair daquela pequena cidade nas serras catarinenses, um lugar frio que julgava ser de poucas oportunidades. O sonho dela era conhecer o mundo e não mexer mais com a terra, mas aí veio Ana e todos os sonhos ficaram para trás, e fazia questão de deixar isso claro à filha.

Ela a amava, mas por Ana havia abdicado de tudo. Beatriz não via futuro onde estava e o que fazia era somente para sobreviver, sustentar a filha e nada mais.

Quando foi que minha mãe conheceu esse cara? Como que eu estou sabendo da existência desse ser só agora? Como minha mãe ou Estela não me prepararam com antecedência para receber uma bomba dessas? A cabeça de Ana fervilhava!

O frio que percorria seu corpo de uma hora para a outra se transformou em calor e a raiva tomou conta de sua alma.

— Mãe, me desculpe, acho que não entendi direito. Está me falando que esse "menino" aí é seu namorado? Nunca vi nem mais gordo e nem mais magro e, de repente, já está sentado no sofá da sala com o título de "namorado". É sério isso? Ana sorriu debochadamente.

Estela, percebendo que o clima havia esquentado, levantou-se da poltrona, olhou diretamente para Ana e com a voz calma e o olhar suave, características que lhe eram tão peculiares, sorriu de canto de boca e pediu para que Ana se acalmasse, pois já era tarde, todos estavam famintos, mas ainda assim ficaram esperando por ela até aquela hora para almoçarem juntos.

— Está na hora de retribuir a gentileza, meu bem! As histórias pertinentes ao namoro e as demais apresentações podem ficar para depois.

— Vá para o quarto, troque essa roupa molhada. É o prazo de esquentarmos a comida e colocarmos tudo na mesa.

Ana não falou mais nada. Desafiar a mãe e questioná-la já fazia parte da sua rotina, mas quando Estela falava não havia questionamentos. A mãe exercia autoridade sobre Ana e ela a respeitava, mas sempre com muita objeção, já Estela era a expressão do amor e da generosidade, era o abraço apertado, o colo, para ela Ana jamais levantava a voz.

Abaixou a cabeça, deu meia-volta e se dirigiu ao quarto.

Trocou de roupa voando, bateu o cabelo da melhor forma que pôde e voltou para a sala correndo. Sentiu o cheiro da carne esquentando no forno, seu estômago rosnava. Estela e Beatriz estavam na cozinha terminando de colocar a mesa. Tomás estava sozinho na sala.

— Então, Tomás, minha mãe vai ser presa por te namorar, não acha? Pensei que namorar criança fosse crime.

A impertinência de Ana surpreendeu Tomás.

— Quantos anos você tem, menina? Pensei que fosse 10, mas, pelo jeito, sua mãe confundiu sua idade, não?

Ana riu e insistiu com a brincadeira.

— Minha mãe está pegando mais um para criar – E novamente a gargalhada.

Tomás sorriu de forma discreta. Os dentes dele eram perfeitos, não teve como Ana deixar de notar. Um sorriso largo, dentes grandes, fazia covinhas em suas bochechas.

Ele era jovem, com certeza, mas não tinha espinhas no rosto. Alto, cabelos lisos de um castanho claro quase loiro, a pele alva. Ele era magro, de pernas finas, com um olhar taciturno. Os olhos eram azuis da cor do céu. *Dessa altura e com olhos tão claros, descendente de alemã*o, pensou Ana.

As mãos dele eram grandes e pelo rápido toque quando o cumprimentou pôde sentir que eram grossas. *Deve trabalhar com a terra também*, Ana refletiu.

— Quantos anos você acha que eu tenho, jovem Ana?

Ela achou engraçada a forma como ele se referiu a ela – "jovem Ana".

— Não dou mais que uns 18.

— Tenho 21 anos. Admito que me falta um pouco de barba na cara, mas lhe garanto que com essa idade sua mãe já não corre o risco de ser presa por me namorar. Pode ficar tranquila! Como vê, sua mãe não é tão mais velha do que eu. – Ao terminar a frase deu uma piscadinha a Ana e abriu novamente o sorriso, de forma discreta.

Estela chamou da cozinha, o almoço estava servido.

Ana se sentou ao lado de Estela e Tomás ao lado de sua mãe. Os olhos dele ficavam fixos no de Beatriz. Ana percebeu, assim como percebeu que a mãe demonstrava adorar ser observada por ele.

Ana devorou a carne com a paçoca de pinhão – estava morta de fome –, mas se manteve atenta àquela troca apaixonada de olhares. Recordou-se que a mãe nunca havia levado ninguém em casa.

Sabia que Beatriz tinha tido alguns romances depois de seu pai. Era uma mulher bonita: alta, cabelos anelados e castanhos, boca carnuda – que Ana herdara –, olhos claros de um verde esmeralda; era um pouco magra demais, poucas curvas, mas, no geral, era uma bela mulher.

Chamava bastante atenção, principalmente dos turistas que acabava por conhecer no restaurante onde trabalhava, mas os romances eram passageiros. Ela sabia bem, tinha experimentado na carne o quão passageiro e catastrófico poderiam ser esses romances, por isso não deixava que a tirassem do trilho. Nunca havia conhecido ninguém que compensasse apresentar a Ana.

O que Tomás tem de diferente? Ainda mais sendo mais jovem que minha mãe? Isso martelava a cabeça de Ana.

O almoço transcorreu sem muita conversa. Depois veio a sobremesa, pudim com calda de maçã, mais um ponto para Tomás. *Todos os dias ele*

poderia vir comer aqui para a comida ser farta e me esperarem para almoçar.
Ana sorriu sozinha com o pensamento.

Após o almoço, Tomás se despediu de Beatriz com um beijo no rosto e trocou um abraço apertado com Estela. *Nossa, será que ela também o conhecia?* Ana concluiu que só ela não tinha ideia de quem fosse aquele rapaz que surgiu do nada no sofá de sua casa.

Depois que Tomás saiu Beatriz recebeu uma enxurrada de perguntas de Ana. Ela estava frustrada e chateada por não ter sido ao menos alertada da existência do tal namorado.

Beatriz, sem muita paciência para críticas, cortou o assunto dizendo que merecia ser feliz e que já estava há muito tempo sozinha, cuidando apenas da criação de Ana, que estava na hora de pensar um pouco nela também.

Ana não discordava disso, mas queria que a mãe entendesse que havia se sentido traída, porque a mãe já conhecia Tomás há meses, como ela mesma confessou, e notou que Estela também o conhecia, então só ela não tinha ideia de quem ele era.

Estela já estava acostumada com aquelas discussões, portanto, interrompeu o assunto e prometeu esclarecer a Ana quem era Tomás e como havia chegado ao posto de namorado.

Beatriz deu um beijo frio e ligeiro na testa de Ana, depois deu as costas, como era seu costume e saiu para o trabalho, dizendo:

— Vou entrar mais cedo hoje no restaurante.

Estela ficou lá parada, ofereceu o colo a Ana, passou os dedos por seus cabelos ainda úmidos e então começou a falar de Tomás.

Ele era descendente de uma família alemã, como Ana já suspeitava. Estela conhecia o pai de Tomás, Wagner Schnadelbach, desde a juventude. Wagner morava com o pai, avô de Tomás, num sítio próximo à cidade, criava gado de leite nas terras e lá tinha uma marcenaria.

Wagner havia vindo da Alemanha aos 6 anos de idade, com o pai, logo após a Segunda Guerra Mundial. A mãe havia morrido na guerra. Era um marceneiro de mão cheia. No sítio havia um galpão onde funcionava a marcenaria. Ele era um homem extremamente sistemático. Falava pouco e fazia excelentes móveis. Tocava violino com perfeição e falava alemão com perfeição, mas no Brasil só tinha estudado até a oitava série.

O avô de Tomás era musicista e foi ele quem ensinou Wagner a tocar violino. Era um homem muito rígido, batia nas mãos de Wagner para que chegasse à perfeição no instrumento. Toda aquela rigidez veio de geração em geração, da Alemanha até o Brasil.

Tomás cresceu com Wagner e o avô, mas sua mãe o abandonou ainda pequeno. Na região corria o boato de que Wagner era agressivo. Conta-se que uma vez a mulher deu entrada no posto de saúde com um olho roxo e hematomas nos braços, e que depois desse dia ela abandonou o sítio, Wagner e Tomás, com 8 anos de idade.

Wagner pegava encomendas de móveis por toda a região, principalmente de Lages e São Joaquim. Às vezes sua fama de perfeccionista chegava até a capital e vez ou outra ele pegava umas encomendas de lá.

Depois que o avô de Tomás morreu, Wagner deixou definitivamente de criar gado de leite e passou a se dedicar exclusivamente à marcenaria. Esse dom ele passou a Tomás, assim como os ensinamentos do violino e da língua alemã.

O sítio era próximo à cidade e Tomás estudou até o primeiro ano do segundo grau, mas depois deixou os estudos e se voltou inteiramente à marcenaria junto ao pai. Era um jovem recluso, passava o dia aprendendo o ofício e as noites estudando violino e alemão. Wagner, da mesma forma que o pai, batia nas mãos de Tomás para que chegasse à perfeição.

Wagner teve um infarto fulminante enquanto cortava uma madeira de demolição para entregar uma encomenda de escrivaninha que havia recebido de uma moça da cidade de Urubici. Tomás o aparou nos braços, mas sentiu que já não tinha mais batimentos cardíacos.

O pároco da cidade se compadeceu do jovem e o ajudou a organizar o funeral. Dois dias após o enterro de seu pai Tomás completou 21 anos.

Tomás finalizou as encomendas de móveis, juntou dinheiro, contratou um advogado e concluiu o inventário do pai. Herdou o sítio e a marcenaria, assumiu algumas dívidas de impostos e uma hipoteca. Passou, então, a cuidar da própria vida, mais sozinho do que nunca.

Ele era filho único. Os avós paternos já tinham falecido e não sabia nada dos avós maternos, assim como não sabia do paradeiro da mãe. Tinha conhecimento apenas de um tio-avô que morava na Alemanha, mas não mantinham qualquer contato.

Depois da morte de Wagner, Tomás decidiu voltar para a escola e concluir os estudos. Arrumou um supletivo para cursar o segundo e o terceiro ano do segundo grau de uma só vez, e foi nesse curso que ele conheceu Beatriz.

Ela havia voltado a estudar fazia mais ou menos um ano. Também havia se matriculado em um supletivo e finalizado o último ano do ensino fundamental. Agora cursava os três anos do segundo grau e lá conheceu Tomás, um rapaz que se destacava dos outros alunos da classe, principalmente por ser mais culto, além de ser fluente na língua alemã e tocar violino – e também por ser bem calado, discreto e até tímido.

Beatriz já tinha vinte e cinco anos, era bonita e comunicativa, mas sorria pouco, e a forma como enrugava a testa quando tinha dúvida em alguma matéria encantava Tomás.

Ele era mais jovem do que ela e tinha ouvido falar que era mãe solteira e que havia perdido os pais na mesma idade em que Tomás perdera Wagner. Tudo isso fez com que o interesse de Tomás por Beatriz só aumentasse. Eles tinham histórias parecidas de vida, afinal; eram filhos únicos, haviam perdido os pais jovens e estavam tentando concluir os estudos. A diferença é que ela era mãe e ele era irremediavelmente sozinho na vida.

— Ao longo do curso eles se conheceram melhor. Tomás ficou feliz ao saber que a chácara onde Beatriz morava, nos arredores da cidade, era vizinha da chácara de "Dona Estela". É como ele me chama. Ele ficou feliz pela coincidência, pois eu era a única mulher da cidade com quem Wagner conversava e, às vezes, convidava para tomar um chimarrão aos domingos, depois da missa. E era nesses domingos que eu via Tomás, sempre treinando violino e lendo livros antigos em alemão. Essa é a história, Ana. Ele é jovem, realmente, mas tem um bom coração, é trabalhador, tem umas terrinhas, tem um ofício e agora está concluindo os estudos. Enfim, ele tem só coisas boas a oferecer a sua mãe. E está encantado por ela.

Ana estava perplexa. A cidade era bem pequena, tinha certeza de que conhecia todo mundo da região, mas nunca havia ouvido falar em Tomás ou Wagner.

— Nossa, ele deve ser recluso mesmo, hein? Isso mais me assusta do que me conforta. Sabe lá o que se passa no coração de gente desse jeito. Além do mais, como você mesma acaba de contar, o pai dele batia na mãe. Quem me garante que ele também não é agressivo? – Ana falou de modo apreensivo.

— Ora, minha filha, precisamos dar um voto de confiança às pessoas, não?

— Estela, acabo de perceber algo surpreendente nessa história. Você tomava chimarrão com um homem chamado Wagner, todos os domingos? – disse Ana, caindo, em seguida, na risada.

— Ana, você é terrível! Eu não me encontrava com ele todos os domingos. Somente às vezes, devo repetir, e o conhecia desde a juventude. Meu marido estudou com Wagner em Lages, quando fizeram um curso prolongado de agricultura familiar. Wagner era austero, mas acredito que era um bom homem, afinal, criou Tomás sozinho e lhe educou da melhor forma que pôde. Eu até achava difícil de acreditar que agredisse a própria companheira e me entristecia ver como ele era rígido com Tomás. Pelo menino, inclusive, era que eu aceitava as rodadas de chimarrão. Alegrava-me encontrar com aquele menino calado que tocava violino.

Ana realmente havia ficado intrigada em saber dos encontros de Estela com um homem que não fosse seu marido. Estela tinha 47 anos e era viúva desde os 39, e como ela mesma gostava de enfatizar, nunca mais teria outro homem na vida, porque ninguém jamais seria como o seu querido Hugo.

Apesar da solidão, Estela não era uma mulher amarga, longe disso. Dava aulas de português na escola municipal e ajudava a todos sempre que podia. Conhecia todo mundo da cidade e de todas as cidades limítrofes.

Por problemas de saúde não havia tido filhos, mas tinha cinco irmãos espalhados pelo mundo – como ela gostava de dizer. Dois desses irmãos moravam no Rio Grande do Sul, para onde Estela sempre viaja nas férias. Uma vez até levou Ana em uma dessas viagens. Os outros irmãos moravam fora do Brasil. Um em Portugal e dois nos EUA, mas para fora do país Estela jamais viajaria, pois tinha pavor de avião.

Estela não plantava maçãs. Em sua chácara tinha um pomar e uma horta, que cultivava apenas para consumo próprio. Sustentava-se com o salário das aulas na escola municipal e com uma pequena pensão recebida desde a morte do marido, que era servidor público.

A morte de Hugo foi algo muito doloroso para Estela. Ele era diabético e nos últimos anos de vida perdera a visão e a saúde foi se deteriorando rapidamente, até que um dia seus órgãos pararam.

Ela amava o marido e desde a sua morte se dedicara inteiramente aos seus alunos, à sua vizinha Beatriz, que era sozinha na vida e mãe solteira, e aos seus amigos, que eram muitos. Uma vida totalmente preenchida pela doação.

Daquele dia em diante Tomás se tornou figura constante na vida de Beatriz, Ana e Estela. A família havia aumentado, mas Ana jamais conseguiria vê-lo como um padrasto. Talvez como um irmão? Seria impossível...

Acostumou-se a vê-lo como um amigo.

PARTE 2

A PERDA

Em dezembro do ano de 2001, a cidade estava quente, às vésperas do verão. Como eram acostumados ao frio aqueles dias se tornavam estressantes, mas Ana aproveitava-os intensamente e passava as tardes na cachoeira. Já não se banhava nua, corria pelos campos e andava a cavalo. Havia ganhado um pangaré de um amigo da escola, dentre muitos rapazes, mais um apaixonado por ela.

Já estava com 14 anos. No ano anterior havia se tornado moça e seu corpo desabrochara. Seus seios eram fartos, suas pernas eram grossas e torneadas. Ela atribuía isso às longas caminhadas que fazia da chácara à escola todos os dias. Seus cabelos negros eram longos, a cintura fina. Ana era uma jovem belíssima.

Mas não havia ficado alta como a mãe. Às vezes até pensava nisso: *será que meu pai era baixo?* Mas não se atrevia a conversar com a mãe sobre o assunto, pois sempre que tocava no nome do pai Beatriz se tornava arredia e até agressiva. Uma vez, depois de Ana insistir loucamente, ela havia lhe dito o nome dele, Jonas, mas Ana desconfiava de que aquele nem era o nome verdadeiro.

Sequer Estela falava a respeito do pai de Ana. Era realmente um assunto proibido. A única história que repetiam como um mantra era que Beatriz havia engravidado de um turista aos 15 anos de idade e que ele desaparecera sem deixar endereço ou telefone.

Ana era estudiosa e adiantada, já estava no ensino médio. Um dia chegou em casa mais cedo. Naquele dia não foi à cachoeira. Quando entrou na sala se deparou com Tomás.

No último ano sempre que o encontrava seu coração disparava. Era agoniante sentir aquilo. Ela conviveu com ele por tantos anos, aprendera a conversar com Tomás e adorava escutá-lo tocando violino nas noites de domingo, sentado aos pés da lareira, sempre acompanhado do olhar apaixonado de Beatriz e do olhar terno de Estela.

Por isso aquelas palpitações incomodavam tanto Ana. Como defesa havia se tornado arredia e detestava encontrá-lo em casa, ainda mais se estivessem sozinhos. Mal o cumprimentava. Quando deparou-se com Tomás na sala passou direto para o quarto, sequer disse um olá.

Tomás havia notado a diferença no tratamento de Ana há alguns meses, mas decidira que não iria a fundo ao assunto. Preferia acreditar que aquilo era coisa de adolescente, perturbações da idade.

Mas, naquele dia, ele não engoliu a grosseria e foi até o quarto que Ana dividia com Beatriz. Bateu na porta.

— Ana, preciso falar com você.

Ela gritou do outro lado:

— Pode falar. Estou ouvindo.

— Eu vou entrar. Espero que esteja vestida. Ele falou isso e em questão de segundos rodou a maçaneta, abriu a porta, entrou no quarto e se sentou ao pé da cama.

Ela ficou irritadíssima e disse que não o havia autorizado a entrar no quarto e que iria contar a Beatriz o atrevimento.

— Eu não sei o porquê dessa grosseria toda comigo, até porque nos conhecemos já faz quatro anos e desde então sempre nos demos bem. Nunca lhe faltei com o respeito e amo sua mãe. Isso já deveria ser motivo suficiente para me tratar com mais educação.

— Eu não quero saber dos seus sentimentos pela minha mãe, isso diz respeito somente a ela. Agora porque ela nutre um sentimento por você não significa que eu tenha que lhe ter apreço também, meu caro.

Ana estava impossível naquele dia, nem ela mesma estava se aguentando.

— Vamos parar com essa conversa sem sentido, Ana. O assunto é sério.

— Desembucha logo. O que você quer de mim?

— Quero que, primeiramente, você se acalme. Vamos para a cozinha. Vou preparar um chá e lá conversaremos.

— Chá, nesse calor?

— É o costume, vamos!

Antes que pudesse recusar ele pegou no braço de Ana de forma delicada e a guiou para fora do quarto. Mais uma vez o coração dela foi à boca. Só de vê-lo já lhe dava palpitações. Ao ser tocada por ele pensou que sofreria um ataque cardíaco. Como aquilo a irritava. E, no fundo, mesmo que de forma inconsciente, envergonhava-a.

Ele fez um chá de camomila, colocou numa caneca ainda fumegante e se sentou ao lado dela. Deu um gole e não falou nada, esperando que Ana tomasse também. Percebendo isso, ela tomou logo para que ele, enfim, falasse.

— Sua mãe foi para Curitiba com Estela.

— O quê? Curitiba? Por quê?

— Dias atrás ela foi até Florianópolis para fazer uns exames, se recorda? – Ele respirou fundo antes de continuar.

— Esses exames acusaram uma doença muito grave, então foi em busca de uma segunda opinião quanto aos resultados dos exames.

— Doença? Grave a ponto de o diagnóstico ter de ser confirmado em outro estado?

Ana não podia acreditar. Mais uma vez era a última a saber.

— Por que você não foi com ela? Por que eu não fui com ela? Por que não me contaram isso antes? Que doença é essa? – Ana estava furiosa. Todas as perguntas fez aos berros.

Tomás percebeu seu descontrole e segurou suas mãos. As mãos dele eram realmente grossas, mas não de mexerem com a terra e, sim, de mexerem com a madeira. Ele acariciou as mãos de Ana um pouco.

Ela se soltou rapidamente, enxugou as lágrimas que já insistiam em cair e pediu que ele respondesse as suas perguntas. Dessa vez, falou sem gritar.

— Beatriz preferiu a companhia de Estela e me pediu para cuidar de você enquanto está fora porque não iria te levar junto, pois não admite que você perca um dia sequer de aula por causa da "maldita doença". Essas foram exatamente às palavras dela. – Tomás deu um sorriso leve e melancólico.

— Quanto à doença, primeiramente preciso te falar sem rodeios que sua mãe já repetiu os exames duas vezes e agora foi para Curitiba porque teve a indicação de um especialista muito renomado que atende somente lá. Ela resolveu fazer uma última consulta para confirmação do diagnóstico.

— Tomás, por favor, que doença é essa?

Os olhos azuis dele ficaram marejados. Ana acreditou até ter visto uma lágrima rolar, mas foi impressão. Até naquele momento ele estava irritantemente comedido.

— Câncer...

Ana sentiu como se tivesse levado um soco no estômago, mas rapidamente se recompôs.

— Câncer... Muita gente se trata de câncer. Tenho certeza de que minha mãe vai se recuperar logo. Ela é forte. Tenho certeza!

De repente, ela o abraçou com muita força e ele retribuiu o abraço de forma contida, mas Ana sentiu que Tomás estava desolado.

Ana remoía na cabeça: *minha mãe é linda e cheia de vida, não pode estar doente*. Mas não era assim, aquilo era uma negação para aliviar o sofrimento.

Fazia mais de dois meses que Beatriz estava mal. Seu nariz e a gengiva sangravam sem qualquer explicação e surgiam hematomas pelo corpo. Nos últimos dias, antes do primeiro diagnóstico, que ela recebeu em Florianópolis, ela sentia tanta dor no corpo e uma fadiga tão profunda que passou a semana toda sem trabalhar no restaurante, e do pomar Ana já estava cuidando sozinha.

Ana via aquilo tudo acontecer, mas estava em constante negação. Quando Tomás a chamou para dar a notícia quis se revoltar, sempre com a velha desculpa de que ninguém lhe contava nada, mas era inegável a situação. Mesmo sem falarem, todos sabiam que algo grave estava acontecendo. Ana já não era mais tão nova, também já pressentia o caos.

Ela ficou uma semana na casa de Tomás. Apesar de ser mais longe da escola, não havia condições de ele ficar na casa de Beatriz. Lá só tinha um quarto e dormir na sala seria extremamente desconfortável. Ele era grande, não dava para se acomodar no sofá.

Ele teve que levá-la à escola. Apesar de ser dezembro, Ana teria aulas até quase o Natal, pois no meio do ano a escola municipal havia ficado um mês de greve e estavam repondo as aulas.

Tomás a levou todos os dias para a escola em sua velha caminhonete, outra herança do pai, e a buscava depois da aula. Ela sempre almoçava e jantava no quarto. Evitava encontros e conversas, ele não insistia.

A casa do sítio de Tomás era relativamente grande, com três quartos. Dois ficavam fechados. A cozinha era bem arejada, com um janelão de madeira que dava vista para a represa que ficava no fundo da propriedade. A sala tinha um pé direito alto, e o teto era de madeira com vigas aparentes. Na sala, destacava, ainda, uma grande lareira de alvenaria. Tudo lá era rústico, mas limpo e organizado.

O quarto de Tomás era confortável, com uma cama grande de casal. Ela desconfiou que aquele era o quarto de Wagner. Provavelmente, Tomás tinha se transferido para aquele quarto depois da morte do pai.

Naqueles dias, Ana falou com a mãe pelo telefone. Achou ter ouvido Beatriz chorar por algumas vezes, mas não teve certeza.

Quando voltou de Curitiba a doença estava confirmada e tinham traçado a linha de tratamento. Beatriz estava com leucemia mieloide aguda, e os dias que se seguiram foram de um sofrimento estarrecedor.

No início do tratamento Beatriz chegou a ficar internada por vinte e cinco dias devido a complicações, mas em nenhum dia aceitou que Ana perdesse aula. Ela estava obcecada em ver a filha progredir nos estudos. Parecia até que a doença havia afetado seu bom senso. Mas Ana não a contrariou um dia sequer, não perdia aula por motivo algum e redobrou os estudos.

Estela foi fundamental nessa fase e Tomás também. Mas Beatriz, nos últimos tempos, sentia-se feia e cansada, sua autoestima estava em frangalhos, e isso a afastou de Tomás.

Ele a buscava e a levava em sua velha caminhonete para o tratamento, mas Beatriz mal lhe dirigia um olhar. Ainda assim, ele não desistia, e assumiu a responsabilidade de acompanhá-la em todas as visitas ao médico e nas sessões de quimioterapia. Até mesmo seu ofício foi deixado de lado, chegou a contratar uma pessoa temporariamente para assumir os trabalhos na marcenaria, pois as entregas estavam todas atrasadas e não podia aceitar novas encomendas.

Ana observava tudo isso calada e contemplativa. Tomás era o companheiro que sua mãe nunca havia tido na vida, e pensar que era tão jovem.

Estela pediu licença não remunerada do serviço e se mudou para a casa de Beatriz a fim de ajudá-la. Ali estava outra pessoa abençoada. Dormia todos os dias na sala. Tomás construiu uma cama dobrável, que ficou bastante confortável.

Desde a confirmação da doença Ana passou a cuidar do pomar. Naquele ano, Tomás a ajudou na época da colheita e com o preparo das geleias. Beatriz acompanhava atentamente o trabalho dos dois durante o preparo para que não errassem o ponto, e os auxiliou também quando do acondicionamento do produto nos potes, mas a confusão que ambos faziam lhe provocava risos descontrolados.

Intermediar a venda da geleia nos mercados, armazéns da cidade e redondezas, ficou a cargo de Tomás. Ana o ajudou nas negociações e o acompanhou em todas as entregas.

No fim, a época da colheita, da produção, e da venda das geleias, acabou por se transformar em um período de distração para Beatriz.

Tomás as ajudou financeiramente. Devido a questões climáticas a safra da maçã não tinha sido como esperada, e Estela contava apenas com a pensão. Por sorte Beatriz conseguiu um auxílio doença, mas ainda assim era pouco. Tomás complementava em tudo que era necessário.

O tratamento era longo e penoso. Tomás ia visitar Beatriz todos os dias, mas ela, algumas vezes, recusava-se a vê-lo. Aquilo o mortificava, mas ele aceitava, e ficava sentado na sala observando o crepitar da lenha na lareira.

O frio já havia se instalado novamente e as lareiras ficavam permanentemente acesas, assim como os aquecedores. Já era julho e Ana estava, enfim, de férias, por isso passou a acompanhar a mãe às sessões de quimioterapia.

Em agosto do ano de 2002, Ana completou 15 anos. Nessa mesma idade Beatriz estava parindo e deixando os estudos. Era impossível não fazer essa comparação.

Ana, por sua vez, era uma estudante dedicada e adiantada, que não se furtava a encontros calorosos após as aulas. Tinha uma sexualidade aflorada, mas não passava nunca do ponto. Queria se manter virgem. Sua mãe lhe havia incutido a ideia de que sexo sempre andava junto com problema, e esse ensinamento ela não esquecia.

Mas Ana era bela, sensual, e os rapazes não resistiam aos seus encantos. Era extremamente cortejada e assediada por homens feitos também. Vez ou outra o professor de matemática lhe oferecia caronas depois da aula. Ele era quase da idade de Estela.

***

O ano passou vagarosamente. Parece que quanto mais dor se sente mais lentamente correm as horas. No final do ano de 2002, Beatriz piorou consideravelmente e teve que ser internada às pressas. O tratamento foi suspenso e começaram a lhe aplicar medicamentos paliativos apenas para suportar a dor.

Ana havia terminado o ano letivo e passava todo o dia no hospital, acompanhando a mãe. Àquela altura revezava com Estela à noite, mas os dias eram sempre com ela. Tomás as visitava todas as tardes.

Numa tarde, ainda no hospital, Beatriz abriu os olhos e pediu a Ana que a deixasse sozinha no quarto com Tomás. Ela obedeceu e saiu, aproveitou para ir tomar um chimarrão no corredor.

Beatriz estendeu a mão direita a Tomás. Ele a apertou com o máximo de delicadeza possível. Suas veias estavam roxas e estufadas, a pele extremamente fina, e estava gelada. Ela começou a falar:

— Eu não preciso dizer o quanto você foi importante na minha vida, preciso?

Ele fez que não com a cabeça. Permaneceram de mãos dadas por alguns minutos, então ela prosseguiu:

— Você é muito jovem ainda, mas sua alma é madura e sofrida. Eu bem sei o quanto sangra, meu amor! Por isso sua visão de mundo é diferente de quase todos que conheci na vida, e é para você que eu vou fazer um pedido, aqui, no meu leito de morte. Nesses meses percebi o quão extraordinariamente leal você pode ser, então tenho plena certeza de que vai cumprir a promessa.

Os olhos dele marejaram, mas as lágrimas não caíram. Beatriz notou isso, mas nada comentou. Ele somente assentiu com a cabeça e ela compreendeu que poderia prosseguir.

— Quero que a minha filha viva tudo que eu não vivi. Ela é linda, inteligente, tenho plena certeza de que poderá estudar trabalhar e sair do ostracismo deste lugar. Quero que ela ganhe o mundo, Tomás. Nela vou me realizar, onde quer que eu esteja. Ana será a minha vingança contra a morte. Não deixe que Ana perca a vida aqui, enterrada com as mãos naquela roça de maçã. Ela pode e deve fazer a diferença, mas sozinha não vai conseguir. Promete que você vai fazer tudo para que isso aconteça, por favor!

Ele apertou a mão dela e mais uma vez assentiu com a cabeça, dizendo:

— Confie em mim. Eu lhe prometo, farei tudo que estiver ao meu alcance.

Beatriz respirou fundo e sorriu, Tomás percebeu que seus dentes estavam amarelos, certamente em consequência dos medicamentos. Ela tirou a mão das mãos dele e virou para o lado.

Naquele momento ele percebeu o quanto Beatriz era uma pessoa frustrada. Nada do que possuía tinha valor – a chácara, o pomar. Também não percebia o quanto havia feito toda a diferença do mundo na vida de Tomás e nem reconhecia que era a pessoa mais importante da vida de Ana.

Então, ele fechou os olhos e as lágrimas escorreram pelo seu rosto, mas Beatriz não viu, já havia adormecido.

Nos dias que se seguiram Beatriz continuava a piorar. O quarto virou uma romaria, diversas pessoas da cidade a visitavam todos os dias, mas nem sempre ela aceitava receber visitas. Ficava por conta de Ana relatar o estado de saúde diário da mãe aos amigos ou mesmo aos curiosos.

Beatriz teimava em travar conversas com Ana, sempre insistindo no assunto da conquista do mundo e em fazer a diferença, de nunca pensar em ter filhos antes de alcançar seus objetivos. Ana tinha certeza de que, para a mãe, a maior doença não era o câncer, mas seu nascimento, porém nada comentava a respeito.

No fundo, Ana não compreendia Beatriz. Ela falava da cidade, da chácara e mesmo da escola municipal com muito rancor e desdenho, mas Ana adorava tudo aquilo. Ela amava o frio e a natureza da região, amava seus amigos de escola e achava que o ensino era satisfatório, mas, acima de tudo, amava sua casa, pequena, mas aconchegante. Adorava o cheiro constante de geleia de maçã e adorava as macieiras. Ela nunca havia compartilhado com a mãe aquela insatisfação e nem se sentia inferior por não "ganhar o mundo", como Beatriz sempre repetia.

Já era janeiro de 2003 e, numa segunda-feira cinzenta, Beatriz não acordou. Ao medir seus batimentos cardíacos, a enfermeira chamou o médico às pressas. Infelizmente, não conseguiram sequer transferi-la para a UTI. Beatriz havia falecido.

Ana estava com ela no quarto e Estela estava do lado de fora. Assim que o médico confirmou o óbito, Ana sentiu os joelhos dobrarem. A dor foi tão grande que achou que iria partir com a mãe. Estela a amparou nos braços, o choro foi descontrolado.

Beatriz havia partido poucos dias depois de completar 30 anos. Agora Ana era órfã e estava sozinha no mundo. Era desolador.

Estela entrou com um processo judicial para que Ana ficasse sob seus cuidados. Ela não teve dificuldades em conseguir a tutela de Ana, que não tinha avós, irmãos ou tios próximos, e o pai era desconhecido. Além do mais, Estela era respeitada na região.

Estela iria tomar conta da chácara de Beatriz até que Ana completasse a maioridade e pudesse administrar tudo sozinha. Daquele dia em diante, Ana foi morar na casa de Estela.

Ana se sentia confortável na nova casa, mas já haviam se passado quatro meses desde o falecimento de Beatriz e ela não conseguia se recuperar. Sair da cama de manhã era um sacrifício que lhe provocava até dores físicas.

Havia perdido seis quilos e, como já era magra, ficou mais *mignon* ainda. Aceitou retomar os estudos, mas já não tinha o mesmo aproveitamento, não conseguia se concentrar nas aulas. A saudade da mãe era imensa e ela não conseguia administrar aquilo.

Àquela altura ela só se encontrava com Tomás aos finais de semana. Depois da morte de Beatriz ele trabalhava sem parar, pegava encomendas bem além do que era capaz de produzir, trabalhava dia e noite. Ana concluiu que era a forma que ele havia encontrado de lidar com a dor da perda.

Um dia, após a escola, o clima não estava tão gélido e as amigas de Ana a convidaram para ir até a cachoeira. Já fazia tanto tempo que ela não ia lá que já havia até se esquecido de como a sensação era maravilhosa. Surpreendentemente, Ana aceitou.

Quando chegou à cachoeira encontrou com Marcos, o último rapaz com quem trocara beijos depois da aula. Ele estava de sunga e se banhando nas águas geladas. O peito estava todo arrepiado. Ele era forte e tinha a pele queimada de sol por ajudar os pais na lavoura.

Depois da morte de Beatriz, Marcos havia procurado Ana várias vezes, mas ela não atendia às ligações e não saía à porta quando a chamava. Por isso, vê-la na cachoeira naquele dia lhe provocou uma alegria enorme.

Eles conversaram por algum tempo e Ana adorou dar um mergulho rápido nas águas, mas estava congelando. Saiu dando gritos, tossindo e rindo sem parar, por alguns instantes se sentiu leve e até feliz.

Ana e Marcos permaneceram na cachoeira depois que o resto da turma foi embora. Ele a puxou para perto e enlaçou sua cintura com as mãos. Antes que Ana pudesse perceber já tinha chegado até seus lábios. Sentir o beijo ardente e quente de Marcos lhe causou arrepio na espinha.

Depois que ele se afastou, Ana pediu um abraço. O abraço forte e caloroso lhe trouxe uma sensação de prazer maior até que o beijo de segundos antes. Ela percebeu o quanto estava se sentindo só e o abraço lhe trouxe conforto e aconchego.

Naquele instante, nos braços fortes de Marcos, o pensamento de Ana divagou e ela sentiu uma saudade sufocante de Tomás. Não queria admitir, mas tudo que mais desejava naquele momento era que aqueles braços fortes fossem os de Tomás.

Marcos percebeu que Ana havia começado a chorar, então a chamou para irem embora. Ele a acompanhou até a chácara de Estela e perguntou se poderiam se encontrar mais tarde. Ana negou com a cabeça.

Agradeceu o dia, mas lhe disse que não estava preparada para iniciar ou retomar qualquer relacionamento. *Foi direta como um raio em uma tempestade.* Recordou-se que Beatriz sempre falava essa frase e a lembrança lhe provocou uma risada.

A casa de Estela estava trancada, mas ela sempre deixava uma chave reserva debaixo do vaso de rosas que ficava no canto direito da porta. Ana se abaixou e pegou a chave. Quando girou a maçaneta estava com um propósito traçado.

Não iria se encontrar com Marcos mais tarde porque iria tomar um banho e, em seguida, procuraria Tomás. Fazia duas semanas que ele não aparecia. Ela estava farta de negar a si mesma a saudade que sentia dele. Se já não bastasse a dor pela falta de Beatriz, ficar sem ver Tomás a estava adoecendo ainda mais.

Quando chegou à casa no sítio, bateu na porta, mas não obteve resposta. Ouviu ao longe um barulho de serra.

Claro! Ele estava na marcenaria.

O galpão ficava a uns 200 metros da casa. Era enorme. Normalmente, Tomás trabalhava só, mas naqueles dias, como havia dobrado o trabalho, contava com um rapaz auxiliando-o no serviço.

Ana se aproximou, desconfiada, entrou pelo portão e gritou, tentando ser ouvida. O barulho era ensurdecedor, os dois estavam com protetores auriculares.

De nada adiantou os gritos. Então, ela se aproximou de Tomás pelas costas e o segurou. Ele se virou, um pouco surpreso, e não disfarçou o susto.

— Olá! Estou gritando aqui já faz meia hora. – Ana deu um sorriso.

O outro rapaz parou com a serra e a cumprimentou.

Tomás retribuiu o sorriso, sempre de forma comedida, e a acompanhou para fora do galpão. Caminharam até a porta da casa.

— O que houve, Ana? Aconteceu alguma coisa com você? Com Estela?

— Não, nada, é que você não apareceu nas últimas semanas, então eu pensei que pudesse estar doente ou com algum problema.

— Eu estou bem! Mas eu liguei há poucos dias. Nos falamos ao telefone, você se lembra?

— Sim, eu me lembro, mas eu queria falar com você de novo.

— Por que não ligou?

— Porque eu queria te ver, oras. Por que tenho que dar tanta explicação? Não posso vir aqui? Não posso vir visitar um amigo?

Pronto, ela já havia estourado. Em poucos segundos de conversa já perdia a paciência e soltava os "cachorros" em Tomás. Ele revirou os olhos e a convidou para entrar. Ela passou na frente dele e entrou batendo os pés.

— Claro que pode vir aqui, mas o sítio é longe da sua casa. Posso saber, por curiosidade, como você veio?

— Eu vim com meus pés.

— Você veio andando da chácara de Estela até aqui?

— Sim! Pra você ver como eu estava com saudades.

Depois que terminou de falar, ela se virou e percebeu que Tomás estava com os olhos arregalados. Ela não compreendeu se a reação dele era pela história da caminhada até lá, que daria no mínimo 15 quilômetros, ou se por ter dito que estava com saudades.

Ela deu uma risada prolongada.

— Claro que não, né, seu tonto. Você acha mesmo que eu viria até aqui a pé? Eu queria te ver, mas não se dê tanto valor assim.

Tomás balançou a cabeça. Ana era irritante.

— Onde está Estela?

— Trabalhando na escola, como todos os dias.

— Vou perguntar novamente: como você chegou até aqui?

Tomás já estava perdendo a esportiva, mas não perdia o controle, o tom de voz estava sereno.

— Sabe o que é, meu caro, meu professor de matemática adora me oferecer umas caronas, então eu liguei para ele com a voz mais doce que pude e perguntei se ele não poderia me trazer até aqui. Acho que ele se compadeceu da órfã que queria vir ver o "padrasto", então me trouxe. – Ana riu de maneira sarcástica.

— Ele te pediu alguma coisa em troca pra te trazer até aqui?

— Tomás, claro que não! Ele já fica feliz só por estar na minha companhia, ainda que seja somente pelo prazo de uma carona. – Dito isso, caiu na risada de novo.

— Você brinca com fogo. Se dê mais ao respeito. E eu vou comunicar a Estela sobre o atrevimento desse professor. Isso não vai continuar. Você vai à escola para estudar e não para ficar sendo assediada por velhos safados.

— Quem disse pra você que ele é velho?

— Aposto que é!

Mesmo ao repreender Ana ele era calmo, a voz nunca alterava e o tom era baixo. Tomás parecia ser muito mais velho do que realmente era. Uma vez, Beatriz o descreveu com perfeição: "um jovem de alma velha".

— Larga de ser chato. Vai falar nada para a Estela. Só me faltava essa, eu ser responsável pela demissão do único professor de matemática da escola. Ele é só um amigo, além do mais eu não sou mais criança e sei muito bem me defender. E ele nunca se atreveu a nada comigo. Eu me dou ao respeito, viu? – Dessa vez ela não riu.

— Tudo bem. Vamos mudar de assunto, afinal, você já está aqui mesmo, não? – ele falou, meio carrancudo.

— Aceita um chá ou um chimarrão? Já está começando a esfriar muito.

— Aceito um vinho.

— Ana, você é menor de idade, não pode beber.

— Ai, você é chato mesmo! Está certo, pode ser um chimarrão!

Ele se virou e foi para a cozinha. Eles conversaram por muito tempo. Ana contou como estava a escola e confessou que estava com muita dificuldade em se concentrar nas aulas.

Tomás a ouvia atentamente, como de costume. Ele ouvia bem mais do que falava, mas ainda assim deu alguns conselhos a Ana. Indicou até que ela procurasse um psicólogo, pois poderia ser bom para ajudá-la a superar o luto.

Eles tomaram o chimarrão e depois Tomás coou um café e serviu com um pão que ele mesmo havia feito.

Ana prosseguia na conversa. Relatou que estava indo até sua casa três vezes na semana para faxinar. Não é porque não estava morando mais lá que iria deixar o pó tomar conta, e estava também cuidando das macieiras, dando o combate às pragas e evitando que o mato crescesse de forma descontrolada.

No fundo, nem ela mesma sabia o porquê de estar contando tudo aquilo a Tomás. Ele, obviamente, já sabia desses afazeres de Ana, até já a havia levado a uma loja em Lages dias antes para comprar um pesticida que só se encontrava lá. De qualquer forma, o que ela queria era prolongar ao máximo aquela conversa.

Quando Ana olhou no relógio já estava tarde, a noite já tinha caído e estava terrivelmente frio.

— Vamos, vou te levar para casa.

— Deixa eu ficar mais um pouco? – Ana falou chorosa.

Tomás não estava compreendendo muito aquela súbita carência de Ana e aquela vontade de estar em sua companhia, mas atribuía tudo à saudade que sentia da mãe. Como ele havia sido muito próximo a Beatriz, Ana podia estar se sentindo mais próxima dela apenas por estar na presença dele.

— Tudo bem, Ana. Vou fazer uma sopa e depois te levo, ok?

— Certo! Mas acende a lareira, por favor! Está gelado!

Ele sorriu e foi pegar a lenha.

Eles tomaram a sopa, já era tarde e ele estava exausto. Vinha trabalhando desde muito cedo e só parou quando se deparou com Ana no galpão.

Tomás lhe pediu que o esperasse na sala. Resolveu passar uma água no corpo antes de leva-la até em casa. Não queria chegar tarde da noite e ainda ter que tomar banho.

Ana adormeceu no sofá em frente à lareira. Antes de despertá-la para saírem, ele a observou por alguns segundos. Era tão bela, tão delicada... Ele a chamou baixinho:

— Ana, vamos acorde! Estela já deve estar preocupada.

Os dois foram em silêncio pela estrada. Antes de descer Ana se virou abruptamente e deu um beijo no rosto de Tomás. Ele não esboçou nenhuma reação, só falou:

— Boa noite!

Ela desceu e foi direto para o quarto. Estela já estava dormindo. Não esperou Ana voltar. Estela não era nem um pouco controladora e também não tinha motivos para se preocupar. Ana ficava direto na casa de amigas estudando depois de terminar a lida no pomar, então, não era incomum chegar tarde em casa. Aquilo já virara rotina.

Depois de muitos meses de insônia Ana havia conseguido dormir. Na manhã seguinte estava se sentindo extremamente relaxada e o ânimo tinha voltado.

Quis atribuir essa alegria à tarde restauradora na cachoeira, mas, na verdade, o que há havia chamado de volta à vida foram às horas que passara com Tomás. Quando, enfim, reconheceu e identificou esses sentimentos, o pânico a assolou, o coração disparou e a fome que estava sentindo desapareceu.

Por que quero tanto ficar perto de Tomás? Por que ele me faz tão bem? Por que o acho tão belo e tão irresistivelmente sexy? Por que sonho com as mãos grossas de Tomás deslizando pelo meu corpo?

Ana estava desesperada com todos aqueles pensamentos, sentia-se a pior pessoa do mundo. Estava desejando e, pior, por mais que não admitisse nem mesmo para a própria sombra, estava loucamente apaixonada por Tomás.

Meu Deus! Sentiu vontade de morrer.

PARTE 3

ENCONTROS E DESENCONTROS

Ana estava decidida a sufocar aquele sentimento, mas agora já não conseguia mais negar, amava Tomás e pensava nele o tempo todo. Aquele sentimento era tão doloroso que chegou a procurar o padre da cidade para se confessar.

Contou toda a história, mas o padre não foi capaz de dizer nada que aplacasse aquela dor ou que a fizesse compreender melhor os próprios sentimentos. Limitou-se a dizer que era pecado e lhe passou que rezasse vinte Ave Marias e trinta Pai Nossos.

Ela concordou com o padre e internalizou que aquele sentimento era um pecado que deveria ser combatido, então resolveu enfiar a cara nos estudos e redobrou os cuidados com o pomar, tudo isso para parar de pensar em Tomás. Decidiu também aceitar o flerte de Marcos e iniciou um namoro com o rapaz. E voltou a evitar Tomás a todo custo. Sempre que ele ia à casa de Estela, ela arrumava uma desculpa e saía correndo.

O namoro com Marcos estava cansativo. O rapaz tinha um desejo avassalador e os beijos e carícias tinham se tornado ardentes demais. Ana não nutria sentimentos por Marcos e começou a sentir repulsa por seus beijos.

Em um sábado que estava fazendo um clima agradável, poucas semanas antes de seu aniversário de 16 anos, Ana inventou uma desculpa e não saiu com Marcos, mas foi com algumas amigas para uma feira que acontecia na cidade.

Estava deslumbrante. Havia recuperado o peso perdido depois do falecimento de Beatriz e estava com uma pele reluzente, o cabelo liso comprido, negro e brilhoso e as pernas torneadas em evidência pelo vestido vermelho curto. O busto estava destacado por um discreto decote e tinha passado uma leve maquiagem: batom rosado em sua boca carnuda, blush para realçar suas bochechas alvas e um rímel destacando ainda mais seus longos cílios.

Quando Estela viu Ana saindo até se preocupou. Jamais havia visto uma moça mais bela que Ana, e arrumada daquele jeito a beleza estava ofuscante.

— Ana, tenha juízo, minha filha! E leve um casaco, pois você sabe que a temperatura vai diminuir ao cair da noite. E, por favor, não chegue tarde.

A feira estava muito bonita, contava até com um parque de diversões. Ana resolveu ir com as amigas até a roda gigante. Quando estavam paradas na fila, Julia, a mais velha da turma, beliscou Ana discretamente, para que ela percebesse um jovem que estava sentado à esquerda do grupo, em um estande de comidas e bebidas.

— Ana, está vendo aquele rapaz sentado, que não tira os olhos de você?

Na verdade, Ana nem tinha percebido. Tantos rapazes a devoravam com os olhos que não distinguia um em especial.

— Não tinha visto! O que tem ele?

— Você não sabe quem ele é?

— Não, nunca vi nem mais gordo e nem mais magro – disse isso e deu uma risada divertida.

— Aquele é Lúcio Venâncio Pacheco Costa Oliveira Alegri Hoffmann. Ele é filho de Carlos Venâncio, um homem riquíssimo. O pai dele é dono de uma das maiores seguradoras de São Paulo, tem negócios até no exterior. A família atua em diversos ramos, inclusive, no agronegócio. Possuem várias fazendas.

— Credo! Como você decora um nome desse tamanho? – Ana riu de forma descontrolada da amiga.

— Ana, você é muito besta! – Julia também começou a dar risadas.

Julia explicou que o conhecia e sabia até o nome completo porque a mãe dela havia trabalhado muitos anos de empregada doméstica na casa de uma das fazendas do pai de Lúcio, a maior mansão existente na área rural de Florianópolis.

A família era riquíssima e tradicional. Lúcio tinha dois cursos superiores, Agronomia e Economia. Tinha 26 anos, não era casado, mas namorava bastante, e era ele o responsável pela parte dos negócios da família que envolviam o agronegócio.

Ana ouviu a história e a única curiosidade que teve foi referente ao tamanho da casa da fazenda de Florianópolis, para saber se a mãe de Julia limpava tudo sozinha.

Julia riu e explicou que limpar a casa sozinha seria impossível e disse que só para limpeza havia mais duas empregadas, fora a cozinheira, os jardineiros e outra dezena de empregados.

Para a surpresa de Julia, enquanto ela conversava de forma descontraída com Ana, Lúcio se levantou da mesa e partiu em direção às duas. Apesar de não tirar os olhos de Ana nem por um segundo, foi com Julia que ele falou.

— Desculpe interromper, mas eu estava ali sentado sozinho e te vi aqui e... Eu conheço você! Julia, seu nome, correto? Morou muitos anos na fazenda do meu pai em Florianópolis, não foi?

Julia quase entrou em combustão por ver que Lúcio se lembrava dela. Ficou nítido pela sua reação.

— Sim! Eu morei lá com a minha família, minha mãe trabalhava...

Antes que ela terminasse, ele a interrompeu:

— Ela trabalhava deixando aquele imenso lugar, limpo e confortável, e sempre foi muito amável. Dona Maria era realmente encantadora.

Pronto! Agora Julia sofreria um derrame. Lúcio se recordava até do nome da mãe dela.

Ana ficou impressionada em ver como Julia estava alvoraçada com aquela conversa, como se naquilo houvesse algo de extraordinário. *Estranho seria se Lúcio não se recordasse de pessoas que moraram anos na sua própria casa servindo a família inteira.* Ana até revirou os olhos pela reação exacerbada da amiga.

— Então, como está Dona Maria?

— Minha mãe está bem. Depois que saiu da casa da fazenda de seu pai teve que se aposentar. Contraiu um problema crônico na coluna e agora não consegue mais trabalhar.

— Ah, eu sinto muito!

— Mas ela não sente dores, basta não pegar peso e evitar grandes esforços físicos.

— Menos mal, então!

Enquanto os dois conversavam, Ana estava preocupada com a fila da roda gigante, que não andava. O tempo já havia esfriado e não estava querendo ficar mais parada ali congelando.

De repente, como quem não quer nada, Lúcio disse a que veio.

— Então, não vai me apresentar sua amiga?

Julia deu até um sorriso amarelo. Por alguns segundos teve a esperança de que ele havia se aproximado por ela.

— Ah, claro, essa é Ana.

— Ana, esse é...

Antes que Julia completasse, Ana emendou:

— Lúcio Venâncio etc., etc., etc., etc. – E caiu na risada.

Julia ficou vermelha. Ana a estava envergonhando. Mas Lúcio acompanhou o riso.

— É, realmente meu nome é bem comprido – ele disse, meio desconcertado.

Ana se desculpou, ainda com um sorriso nos lábios, e disse que não resistira à brincadeira, porque havia ficado impressionada com o tamanho do nome dele.

Enquanto Ana falava, Lúcio também estava impressionado, mas era com sua beleza e com seu inconveniente senso de humor. *Nossa, que garota!*

No momento em que eles conversavam na fila da roda gigante, Ana olhou para frente e avistou Tomás. Ele estava acompanhado por uma moça de cabelos loiros que devia ter mais ou menos a idade dele. Ana estremeceu! Estava segurando na cintura dela!

O sorriso nos lábios de Ana desapareceu e sua boca começo até a tremer. Já não ouvia nada do que Lúcio ou Julia estavam falando.

Quem é essa mulher? Tomás estava aproveitando um sábado ao lado de outra mulher? Os pensamentos eram irracionais, mas sobre eles Ana não tinha qualquer controle.

Como que por um impulso Ana saiu da fila, largando Lúcio e Julia falando sozinhos, e partiu em direção a Tomás.

Deu-lhe um tapa nas costas, tentando controlar a força. Ele se virou num susto.

— Ana? Oi! Como está? Não te vi chegar.

— Eu estou bem, mas você parece estar melhor ainda, não? Quem é a acompanhante, pode me apresentar? – Ana disse aquelas palavras de uma forma estranhíssima, sua boca tremia.

Tomás percebeu o estado de Ana e atribuiu ao frio. O lugar estava gelado e ela estava com um vestido curto, um pouco decotado, e de sandálias com salto. *Só pode ser o frio,* pensou.

Tomás deu um sorriso comedido e apresentou a moça como sendo uma amiga dos tempos do curso supletivo e, em seguida, emendou:

— Ana, você não está com frio? Coloque uma blusa. Esfriou muito e você está até tremendo.

Ele a apresentou rapidamente à amiga, dizendo que era a filha de Beatriz, e, em seguida, foi até Ana, que estava segurando o casaco na mão esquerda. Ele pegou o casaco, abriu-o e jogou nos ombros dela.

Aquilo despertou em Ana uma raiva enorme.

Ele está achando que sou uma criança?

— Eu sei colocar um casaco! – Ana falou de forma irritadíssima, quase aos berros.

A reação exagerada de Ana deixou todos desconfortáveis, foi constrangedor. Tomás, como que não acreditando naquela situação, perguntou se Ana estava bem. A resposta dela foi avassaladora:

— Eu estou ótima, mas a minha mãe deve estar se revirando no túmulo por ter sido esquecida tão rapidamente.

Os olhos azuis de Tomás brilharam e ele franziu a testa. Pediu desculpas à amiga que o acompanhava e lhe estendeu a mão, virando as costas para Ana. E saiu acompanhado e sem falar nada.

Ana ficou ali plantada, em pé, sozinha e com frio. Sem saber o que fazer, foi até Julia e falou que ia voltar para casa. Lúcio, que não entendeu nada do que estava acontecendo, imediatamente se ofereceu para acompanhá-las.

Julia agradeceu e aceitou a carona. As demais amigas preferiram ficar na fila aguardando a vez de girarem na roda gigante.

No carro, Julia informou que iria dormir na casa de Ana naquela noite e, então, sentou-se no banco ao lado de Lúcio. Falava sem parar, mas ele não ouvia uma palavra sequer, só olhava no retrovisor e observava Ana no banco traseiro. Percebeu que os olhos amendoados de Ana estavam carregados de lágrimas que ela não deixava cair.

Ele deixou as duas na chácara de Estela e partiu, mas foi com a certeza de que teria que ver aquela menina novamente. Lúcio nunca havia ficado tão impressionado com alguém daquela forma, principalmente porque, para Ana, os sobrenomes dele não fizeram a menor diferença.

Ana entrou em casa e chegando ao quarto não conseguiu mais segurar o choro. Chegou até a soluçar. Julia perguntou o que estava acontecendo. Ela poderia inventar uma desculpa e atribuir aquele descontrole todo à perda da mãe, mas não aguentava mais esconder, precisava desabafar com alguém.

— Estou chorando por causa de Tomás. Doeu demais vê-lo com outra pessoa. A vontade que tive foi de voar naquela loira horrorosa e lhe arrancar os dentes.

— Eu sei que deve ser difícil para você ver o namorado da sua mãe com outra pessoa, mas ele é jovem, sua mãe se foi já tem algum tempo, ele precisa retomar a vida.

— Não é isso, Julia! Eu quero que ele retome a vida, mas quero que faça isso ao meu lado. Eu... Eu o amo! Adoro! Estou enlouquecidamente apaixonada por ele.

Depois que terminou de falar chorou mais ainda. Ana estava à flor da pele.

Julia se compadeceu da amiga, deu-lhe um abraço apertado e não a recriminou, pelo contrário, disse que Tomás era muito jovem, bonito e havia participado da vida de Ana de um modo muito singular, era normal e compreensível ela estar sentindo todo aquele amor.

Ana nunca havia olhado para aquele sentimento daquela forma.

— Então você não acha abominável eu estar amando o namorado da minha mãe? Eu a estou traindo!

— Claro que você não está traindo a sua mãe. Ela se foi! Você a amou e esteve ao lado dela até o fim, mas a sua vida continua e a de Tomás também! Se ela estivesse aqui você jamais deixaria esse sentimento florescer, eu tenho certeza disso. Mas ela partiu! Não se martirize tanto, minha amiga.

Dito isso, Julia lhe deu um abraço forte.

Ana estava estarrecida com a visão de vida da amiga. Ela era mais velha que Ana, talvez por isso tivesse a sabedoria necessária para entender todos aqueles sentimentos.

Depois daquela conversa ela se sentiu mais tranquila. A culpa havia se dissipado e só sobrou a dor por ver que Tomás estava com outra pessoa.

Naquele instante, Ana decidiu que iria lutar por ele, um amor daquele tamanho não poderia mais ser sufocado.

No outro dia, Estela comunicou a Ana que iria até Porto Alegre para visitar seu irmão, que não andava muito bem de saúde. A viagem seria rápida, no máximo cinco dias, já tinha até comunicado na escola e arrumado uma substituta para assumir sua carga horária.

Estela pediu que Ana a acompanhasse, mas para isso teria que perder uma semana de aula. Julia, que estava à mesa tomando o café da manhã com as duas, sugeriu que Ana ficasse em sua casa.

Julia ainda morava com os pais e tinha mais duas irmãs. Ana poderia ir todos os dias a pé para a escola, que ficava bem próxima a sua casa.

Estela achou a ideia interessante, confiava em Julia e a conhecia há muitos anos, além de conhecer toda a sua família. Perguntou se Ana preferia ficar e ela prontamente aceitou a sugestão.

Enquanto deliberavam a semana, ouviram alguém chamando na porta. Ana se levantou para abrir e do lado de fora estava Lúcio.

— Bom dia! Espero não ter chegado muito cedo.

Ana disse que não e o convidou para entrar.

— Olá, Julia!

— Bom dia, senhora!

Ana apresentou Lúcio a Estela e lhe serviu um café. Como ainda estavam tomando o café da manhã quando chegou, Lúcio acabou por concluir que realmente havia chegado cedo.

— É... Talvez para um domingo você realmente tenha errado o horário da visita! – Ana falou e, em seguida, soltou uma risada gostosa. Lúcio compreendeu que ela estava brincando. Era impressionante como era espontânea e bela. Ele não conseguia parar de admirar o seu sorriso largo e perfeito.

— Então, eu estou aqui a trabalho e estou sozinho. Quando vi uma conhecida ontem fiquei feliz! Pensei que vocês poderiam me mostrar a cidade e seria uma alegria se aceitassem almoçar comigo. O convite agora se estende a Estela, claro!

Estela sorriu e declinou, disse que tinha que organizar as coisas, pois iria viajar. Julia ficou contentíssima em acompanhar Lúcio pela cidade e deu uma beliscadinha discreta no braço de Ana para que aceitasse logo o convite. Ana aceitou.

Eles terminaram de tomar o café da manhã e as duas foram se arrumar. Lúcio permaneceu na sala, sentado à mesa com Estela, e lá ficaram conversando.

Lúcio contou que conheceu Julia na fazenda do pai, em Florianópolis, e que se recordava de toda a família dela porque trabalharam muitos anos lá. Moravam em um alojamento anexo ao complexo. Estela perguntou se a família de Lúcio era de Santa Catarina, ele deu um sorriso e, em seguida, disse que sua família era do mundo.

O pai tinha negócios em São Paulo e em Nova York, e morava seis meses do ano em cada uma dessas cidades. Já a mãe de Lúcio era nascida em Florianópolis e não tinha se adaptado em São Paulo. Inclusive, sua mãe adorava ficar mesmo era na fazenda, passava a maior parte dos meses por lá, por isso Lúcio tinha crescido praticamente no campo.

Continuou com o relato falando que a paixão da mãe pela terra foi uma das razões do término do casamento com o pai.

— Eles não combinavam. Meu pai era um cosmopolita obcecado por trabalho.

— Ah, então seus pais são separados? Sinto muito! – Estela falou consternada.

Ele abriu um sorriso discreto.

— Já nos conformamos com isso!

Lúcio prosseguiu contando que era o caçula de três irmãos, sendo que somente ele morava no Brasil.

Estela achou por bem falar da família de Julia, já que ela era o motivo de Lúcio estar ali. Pelo menos foi o que Estela havia entendido.

— Maria não consegue mais trabalhar com faxina. Adquiriu uma doença na coluna, já Jorge, seu marido, está trabalhando numa grande fazenda produtora de maçã aqui da região. Eles se esforçaram muito na vida para manter as três filhas na escola e Julia conseguiu entrar para a faculdade, é o orgulho dos pais.

— Ah, que bom! Julia está fazendo qual curso?

— Contabilidade. Está no oitavo período e já está trabalhando na área como auxiliar de contabilidade de uma cooperativa aqui da cidade.

Estela prosseguiu com o assunto referente a Julia e sua família, mas Lúcio, apesar de parecer estar atento ao relato estava, na verdade, com a cabeça longe, só conseguia pensar nas pernas torneadas de Ana e no seu lindo sorriso.

Quando elas voltaram do quarto, Lúcio engoliu seco. Ana estava deslumbrante. Vestia uma blusa de manga comprida amarela sobre uma saia até o joelho, usava meia calça grossa e uma bota de cano longo, tinha uma echarpe no pescoço e segurava um casaco pesado na mão. O dia estava realmente gelado.

Ela mora no meio do nada, mas até que tem bom gosto para se vestir, Lúcio refletiu.

Estela percebeu que Lúcio não tirava os olhos de Ana, era nítido o encantamento. Naquele momento, Estela compreendeu que Julia era só o caminho que ele encontrara para chegar até Ana. Ela não gostou nada daquilo.

— Ana, você pode acompanhar seus amigos, mas quero que volte para casa antes do anoitecer. E não me faça ir atrás de você na cidade, hein?

Depois que combinou a hora, aproximou-se de Ana e lhe deu um beijo afetuoso no rosto.

Ana estranhou o tom de Estela. Até poucos segundos antes ela parecia contente, mas decidiu deixar para lá e garantiu que voltaria cedo. Retribuiu o beijo.

Elas passearam com Lúcio, começando pela igreja Matriz. Depois o levaram para tomar um chocolate quente em uma cafeteria bem popular da cidade, que ficava na rua da praça principal. Em seguida, partiram para uma visita guiada por uma belíssima vinícola da região que produzia excelentes vinhos e pararam para almoçar em um restaurante próximo à vinícola.

Julia propôs que continuassem o passeio pelo resto da tarde, mas Ana negou. Queria voltar para casa, pois já estava cansada.

Lúcio ficou decepcionado, não havia conseguido ficar nem um minuto sequer sozinho ao lado de Ana, e pouco conseguiu descobrir a respeito dela.

Julia pediu que Lúcio a levasse em casa e depois deixasse Ana na chácara de Estela, mas ela insistiu que a deixassem primeiro. Lúcio quase não conseguiu disfarçar a decepção. Seria a oportunidade perfeita para ficarem sozinhos. Isso fez com que tivesse a certeza de que Ana não estava nem um pouco interessada, mas essa constatação só fez com que o interesse dele ficasse ainda maior.

Deixou Ana e partiu para a casa de Julia.

Quando Ana entrou em casa se deparou com Marcos sentando no sofá da sala. Estela avisou que ele já estava esperando fazia duas horas. Em seguida, retirou-se da sala para que os dois conversassem.

— Oi, Ana. Para quem estava indisposta até que você teve um final de semana bem agitado, não? Ouvi dizer que ontem foi à feira e hoje passou praticamente o dia inteiro na rua batendo perna.

Cidade pequena é triste mesmo. As notícias correm. Agora terei que falar o inevitável. Ana até revirou os olhos com o pensamento.

— Marcos, realmente eu saí bastante esse final de semana. Precisava relaxar e espairecer.

— E não podia espairecer na companhia do seu namorado? –Marcos elevou a voz ao dizer aquilo.

— Marcos, estamos precisando mesmo conversar. Não está bom para mim esse relacionamento. Eu tentei, mas, realmente, neste momento prefiro ficar sozinha.

Marcos estremeceu. Não esperava que ela fosse ser tão direta.

— Está terminando comigo sem ao menos uma razão? O que foi que eu fiz? Ou, o que foi que deixei de fazer?

— Não teve nada de errado da sua parte. O problema sou eu. Não quero compromisso com ninguém agora, não quero ter que dar satisfação da minha vida.

— Não precisa terminar comigo para isso. Se você quer mais espaço eu posso lhe dar, mas não coloque um fim em nossa história.

Ele disse aquilo e tentou abraçá-la, mas ela se desvencilhou do abraço e foi categórica.

— Marcos, por favor, acabou. Não insista.

Marcos ficou desolado. A frieza de Ana foi devastadora. Ele virou as costas e saiu sem dizer nem mais uma palavra.

Ana entrou no quarto e Estela estava lá dentro, sentada na cama.

— Não pude deixar de ouvir a conversa. Você terminou o namoro com Marcos, minha filha. Ele era um bom garoto.

— Sim, Estela, ele é legal, mas não sinto nada por ele.

Estela a abraçou.

— Você parte para Porto Alegre em que horário amanhã?

— Bem cedo. Vou te deixar na escola e já saio em seguida para a rodoviária. Depois da aula você já pode ir direto para a casa de Julia.

— Estela, eu quero te pedir um favor. Vamos até o sítio de Tomás? Eu preciso falar com ele. Você pode me levar?

— Eu até te levaria, mas Tomás foi hoje cedo para Florianópolis. Vai começar a montar uns móveis lá amanhã e deve retornar somente daqui a umas três semanas. O serviço é grande.

Por isso Ana não esperava. Depois do encontro trágico no sábado ficaria sem ver Tomás por semanas e não teria sequer à oportunidade de lhe pedir desculpas. O domingo havia se tornado sombrio.

No outro dia, depois da aula, foi direto para a casa de Julia, mas chegando lá se deparou com Lúcio na porta.

— Olá, Ana!

— Oi. Estamos nos encontrando bastante, hein? – Ana falou e abriu o sorriso, como de costume.

— Pois é, estava aqui te esperando chegar. Julia acaba de sair para o trabalho e me avisou que você chegaria a qualquer momento da escola.

— Então você se encontrou com Julia?

— Sim! Foi ela que disse que eu podia te esperar aqui.

Ana não entendeu muito bem o que Lúcio poderia querer com ela, mas, de qualquer forma, não estava disposta a fazer sala para ninguém. Estava cansada e com fome. Além do mais, estava carregando uma mala pesada com as roupas que iria usar durante a semana, além da mochila com os livros.

Lúcio se aproximou e segurou a mala. Ela não dispensou a ajuda, estava pesadíssima.

— Ana, eu queria te convidar para almoçar comigo.

— Não posso! Acabo de chegar da escola e hoje preciso ir até a minha chácara para dar uma olhada no pomar e limpar a casa.

— Você tem uma chácara?

— Sim.

— Então não mora com Estela?

— É uma longa história.

— Eu adoraria ouvir!

— Lúcio, eu realmente estou cansada e com fome. Preciso entrar para agilizar logo o meu dia.

— Você pode almoçar comigo e eu posso te acompanhar até sua chácara. Eu adoraria ter sua companhia. Estou sozinho aqui, se lembra?

— Mas você não está a trabalho?

— Sim, estou. Mas somente amanhã tenho compromissos. Hoje estou livre. Posso te ajudar com a limpeza. O que você acha?

Ana caiu na risada.

— Você, limpando casa? Já ao menos viu uma vassoura na sua vida?

— Ana, por quem me tomas? – Lúcio riu de forma sarcástica.

— Julia me contou um pouco da sua história. Com certeza você está acostumado a ser servido e não a servir, meu caro.

— Pois se você aceitar a minha companhia vai saber que eu não sou esse "filhinho de papai" todo não! Morei alguns anos nos EUA sozinho, e lá me virava muito bem. Cozinhava, lavava e passava. Não duvide! – disse Lúcio, dando um sorriso maroto.

— Vamos, Ana. Você só tem a ganhar. Levo você no melhor restaurante da cidade e depois esfrego o chão da casa até ficar brilhando. Comida boa e ajuda braçal!

Ana não aguentou a brincadeira e caiu na risada. Ele era engraçado.

— Mas eu preciso entrar pra trocar de roupa e avisar a dona Maria. Na verdade, eu teria que pedir permissão para sair com você.

— Ótimo! Eu entro e falo com ela. Vou gostar de rever a dona Maria.

Nossa, como é insistente! Mas ao menos me poupa o trabalho de ter que arrumar uma carona até a chácara.

— Tudo bem, vou aceitar, mas você vai ter que pegar no batente mesmo viu?

— Mal posso esperar!

Lúcio ficou em êxtase. Ia passar uma tarde inteira sozinho com Ana. *Melhor até do que fechar um negócio de milhões,* pensou!

Maria não viu problema algum em Ana acompanhar Lúcio. Na verdade, assim como Julia, ficou extasiada de ter o filho do ex-patrão em sua humilde casa.

Ele pediu que Ana indicasse onde era o melhor restaurante da cidade e eles foram de carro. Durante o almoço conversaram bastante. Ana lhe contou sobre a perda de Beatriz, quem era Estela em sua vida, contou também um pouco sobre a escola e falou até dos seus sonhos de estudo e de trabalho para o futuro. Não mencionou Tomás, apesar de estar pensando nele durante todo o tempo da conversa.

Lúcio começou falando um pouco sobre a família, depois comentou que a mãe tinha uma casa em Florianópolis e que ele revezava entre ficar em seu próprio apartamento e na casa da mãe, e que também tinha um flat em São Paulo, já que ficava muito tempo por lá, pois a seguradora do pai era naquela cidade e ele tinha um escritório na empresa, sendo que de lá ele administrava as transações do agronegócio. Prosseguiu falando sobre as propriedades que a família tinha no Brasil e exterior e que eram grandes produtoras de soja e leite. Por fim contou que estava na cidade para negociar a compra de uma fazenda produtora de maçãs, pois agora estavam mirando em ampliar os investimentos e entrar no mercado da fruticultura.

Ana já tinha ouvido falar da fazenda. Era uma das maiores da região.

— Nossa, eles produzem toneladas da fruta. Eu até entendo um pouco do cultivo, mas meu pomar é pequeno e voltado totalmente para a produção de geleias. Não tenho a menor ideia do que seria uma produção em larga escala.

— Amanhã vou até lá novamente. Você poderia ir comigo!

— Hum... Seria interessante. Adoraria ver uma plantação de grande extensão – falou Ana.

Mais um ponto! Talvez eu esteja começando a despertar algum interesse em Ana, afinal!

— Então já fica combinado. Amanhã vamos juntos até a fazenda – Lúcio disse sem disfarçar o contentamento.

— Tudo bem, Lúcio, mas agora precisamos ir. O balde e a vassoura nos esperam!

Lúcio achou a chácara pequena e concluiu que daquele pomar realmente não sairia muitos potes de geleia. A renda da família com o cultivo deveria ser bem baixa. A casa era pequena, mas aconchegante. Um quarto só. A sala tinha até um tamanho bom e uma lareira de alvenaria, e a cozinha era o maior cômodo da casa.

Ana colocou um short e uma camiseta larga, deu um nó acima do umbigo e fez um coque no alto da cabeça. Ela estava deliciosamente sexy. Lúcio tirou a camisa, ficando só de calça. Ele suava sem parar.

Enquanto Ana tirava o pó e varria, ele jogava a água e puxava com o rodo. O banheiro ficou por conta de Ana. Lúcio ainda testou o aquecedor e limpou a lareira. Ana ficou impressionada, não acreditava que ele se sairia tão bem nos afazeres domésticos.

Fizeram a limpeza e depois foram mais uma vez ao pomar. Percorreram a área rapidamente e, então, Ana pediu que voltassem para a casa de Julia.

Não conversaram muito no caminho de volta. Ele notou que Ana estava com o pensamento longe.

Ao estacionar na porta da casa ele se convidou para entrar, mas Ana negou dizendo que já estava bom e que agora precisava descansar e fazer os deveres da escola. Lúcio sorriu meio sem graça e se desculpou pela insistência, mas não resistiu em falar que estava adorando a companhia de Ana.

— Por mim eu passaria o resto do dia e da noite ao seu lado.

— Por favor, assim você me deixa sem graça. Obrigada pela carona. E preciso lhe parabenizar, você é um excelente faxineiro. Acho que vou te contratar como diarista, o que me diz? – Ana disse, caindo na risada.

Lúcio estava enfeitiçado pelo belo sorriso de Ana. Ele retribuiu a risada e, ao mesmo tempo, aproximou-se de seu rosto, envolveu seus cabelos com as mãos e lhe puxou, beijando seus lábios. Ana não teve tempo de repelir o beijo, mas acabou se afastando e virou o rosto rapidamente.

— Lúcio, não!

— Desculpe, eu não resisti. Você é maravilhosa!

— É, mas você é um homem rico, mais velho que eu e está só de passagem pela cidade, então entre nós não poderá haver nada de qualquer forma.

— Tem alguma coisa contra dinheiro?

Ana sorriu,

— E me acha tão velho assim?

Ana sorriu novamente.

— Não tenho nada contra dinheiro, inclusive, espero ter um pouco de dinheiro na vida um dia. E também não te acho velho. Só é mais velho do que eu. O problema é que por todas essas razões eu não tenho nada a lhe oferecer, então por que começar algo que não tem futuro?

— Eu acho que você tem tudo a me oferecer. Gosto da sua conversa, adorei saber da sua vida e ver que, apesar de jovem, é muito batalhadora. E é a mulher mais linda que já vi. Precisa de mais alguma razão?

Ana se aproximou de Lúcio e lhe deu um beijo no rosto.

— Obrigada mais uma vez pela carona, pelo almoço e pela ajuda, mas realmente não posso oferecer nada além de amizade.

Ana se virou e saiu do carro.

Lúcio desceu correndo e a segurou delicadamente pelo braço.

— Calma, não precisa me dispensar desse jeito. Se o que pode me oferecer é só uma amizade aceito de bom grado. Não fique ofendida pelo beijo, por favor!

— Eu não fiquei ofendida. Eu só preciso entrar.

— Mas e a ida à fazenda amanhã? Posso te pegar aqui depois da escola?

— Lúcio, acho melhor eu não ir.

— Mas você já tinha aceitado! Por favor, assim vou ter a certeza de que ficou ofendida. Acredite em mim, eu entendi o recado. Eu só quero sua companhia. Só isso. Amizade!

Ana sorriu e disse adeus. Virou as costas e entrou na casa.

Lúcio ficou parado na porta de coração partido. Estava se sentindo um bobo, um adolescente despreparado. *Como levei um fora desses?*

Nunca uma mulher havia ficado imune a Lúcio daquela forma. Ele sabia que não tinha beleza, mas tinha charme, inteligência e muito dinheiro! Aquilo não ficaria assim. Naquele instante decidiu que Ana seria dele de qualquer maneira.

As semanas seguintes se arrastaram lentamente. Ana sentia uma saudade sufocante de Tomás e as duas vezes que ele ligou ela não estava em casa, foi com Estela que falou.

Lúcio, por sua vez, passou a ligar para ela todos os dias, e nos finas de semana aparecia do nada. Estava fazendo uma marcação cerrada em cima de Ana. Ele era agradável, inteligente e charmoso, mas o coração de Ana estava totalmente preenchido pelo amor que sentia por Tomás. Lúcio não tinha a menor chance.

Dois dias antes do aniversário de 16 anos de Ana, Tomás retornou de Florianópolis. Estela comentou que ele estava de volta e Ana pensou na desculpa perfeita para procurá-lo no sítio. Iria fazer uma pequena festa em comemoração ao seu aniversário e iria até lá para convidá-lo.

Estela sugeriu que ligassem para Tomás, que não era necessário irem até o sítio apenas para fazer um convite, mas Ana, sem nem tentar disfarçar, disse que estava com saudade e que queria muito vê-lo. Estela aceitou levá-la até lá.

A noite já tinha caído quando chegaram ao sítio. Estava fazendo um frio terrível. Ana vestia uma blusa grossa e usava uma meia calça por baixo de uma calça jeans. Usava, ainda, gorro, luva e cachecol, além de um sobretudo.

Estela estava trajada praticamente da mesma forma para suportar o frio. Tomás foi recebê-las na porta vestido somente com uma calça e uma camisa azul de manga comprida. Dentro da casa estava bem quente. Além do aquecedor ligado no máximo havia colocado fogo na lareira.

Como Estela havia avisado da visita, ele deixou preparado um galeto com polenta, que iria servir com um vinho tinto.

O coração de Ana disparou quando o viu.

Ah, meu Deus que saudade! Como ele está lindo com essa camisa azul. Destacou ainda mais a cor dos seus olhos azuis e tristes.

Estela deu um abraço demorado em Tomás e Ana não resistiu. Assim que Estela se afastou, ela se levantou na ponta dos pés e o abraçou com a mesma intensidade. Tomás era bem mais alto que Ana. Ele retribuiu o abraço.

Ana se afastou e olhou nos olhos dele, mas não viu rancor, só viu ternura.

Ele esquecera o incidente da feira ou a havia perdoado?

Ela decidiu que esperaria um momento mais oportuno para tocar no assunto. Ali, parados na porta, congelando de frio, certamente não era o momento ideal.

Entraram na casa, Tomás pegou os casacos, gorros e luvas e os pendurou atrás da porta. A sala estava quentinha e a lareira com o fogo alto.

Tomás as convidou para irem até a cozinha, pois estava finalizando os pratos. Ele ofereceu uma taça de vinho a Estela e suco de uva a Ana.

— Ah, não, por favor. Hoje eu quero tomar um vinho com vocês – Ana sorriu.

— Ana, minha querida, não acho aconselhável você beber. Estela era terna até quando a estava repreendendo.

— Eu não sou mais uma criança. Vou fazer 16 anos depois de amanhã. Além do mais, uma taça ou duas de vinho não vai me matar.

Tomás, ouvindo a discussão, resolveu participar do assunto:

— É, matar talvez não, mas embriagar, com certeza!

Todos riram do comentário de Tomás, mas ele deixou a brincadeira de lado e relembrou que Ana era menor de idade.

— Menores de idade não podem beber. Podemos ser presos por oferecer bebida a você, sabia?

— Tomás, por acaso alguém aqui vai contar para a polícia, para o juiz ou para o Conselho Tutelar que eu estou bebendo com vocês?

Tomás sorriu e se virou, pegou mais uma taça na cristaleira. Estela cedeu à vontade de Ana, mas enfatizou que seria apenas uma taça e nada mais.

O jantar transcorreu maravilhosamente. Tomás contou sobre o trabalho que havia feito em Florianópolis. Tinha tirado umas fotos e eles ficaram por um bom tempo apreciando a beleza dos móveis. Tinha montado uma casa inteira: armários de cozinha, quartos e até escritório.

Depois, foi a vez de Estela contar sobre a viagem a Porto Alegre. Seu irmão estava com pneumonia, mas agora já estava completamente curado. Ana permaneceu calada, apenas ouvindo a conversa. O vinho realmente acabou subindo um pouco a cabeça, então se levantou e foi para a sala se deitar no sofá.

Estela ficou na cozinha com Tomás e aproveitando a ausência de Ana começou a contar sobre a aproximação de Lúcio, contou quem ele era e como haviam se conhecido.

— O rapaz é mais velho que ela. Acredito que tenha a sua idade, Tomás. Ele liga para ela todos os dias, os finais de semana passa todos aqui. Agora, veja se não tenho que me preocupar? O que um homem rico como aquele pode estar querendo com uma moça jovem e simples como Ana?

— Ora, Estela, basta olhar para Ana que fica fácil entender. Ela é linda, inteligente, não é de se estranhar esse interesse.

— Mas é justamente aí que mora minha preocupação. Depois que ele conseguir o que quer será que esse interesse todo vai permanecer?

— Morro de medo de pensar em Ana grávida, jovem, como foi com Beatriz, e abandonada. Tenho até pesadelos com isso. E pior que estou sozinha na criação de Ana. Nessas horas uma presença masculina faz muita falta.

— Vocês não estão sozinhas. Têm a mim!

— Eu sei meu querido, por isso estou aqui compartilhando com você minhas angústias.

— Estela, é difícil para eu julgar, pois não conheço esse Lúcio, mas conheço muito bem a Ana. Ela é jovem, mas de muita personalidade e já passou por muita coisa na vida. Tenho certeza de que terá o discernimento necessário para julgar as reais intenções desse sujeito e cair fora se necessário.

— Espero que você esteja certo, mas eu já estou até pensando em mandar Ana para Porto Alegre para concluir o ensino médio por lá. Ela pode ficar na casa do meu irmão. E, depois, lá tem mais oportunidades do que aqui. Sonho em vê-la fazendo uma faculdade.

Ana se levantou do sofá e interrompeu o assunto. Não escutou sobre o que conversavam, então se dirigiu a Tomás e pediu que ele tocasse um pouco de violino.

— Vamos, Tomás! Estou com saudades de ouvir você tocar!

Estela achou a ideia maravilhosa, mas alertou para o avançado da hora. Fazia muito frio e ela estava preocupada com a visibilidade na estrada, e o frio combinado com a umidade poderia também criar gelo na pista. Estavam alertando até para a possibilidade de neve naquela noite.

Tomás concordou com Estela, mas pediu que ficassem por lá. Não era seguro pegar a estrada naquelas condições. Ana topou o convite na hora, mas Estela estava relutante. No outro dia Ana tinha aula cedo e ela tinha que trabalhar.

— Estela, vocês vão ficar e ponto. Amanhã acordamos cedo e pegamos a estrada juntos, eu vou guiando o carro. Por favor, eu fico mais tranquilo assim!

Naquela noite, Estela era voto vencido. Tomás ajeitou o quarto para as duas dormirem e depois voltou para a sala, pegou o violino e começou o sarau.

Ele tocou por muito tempo, Ana estava sentada próxima à lareira de frente para Tomás e o encarava de forma indiscreta. Estela percebeu o encantamento de Ana, mas Tomás parecia não se constranger com aquilo e continuava tocando o instrumento com precisão.

Estela se levantou, agradeceu a Tomás e disse que estava cansada.

— Eu não sou mais jovem como vocês. A essas horas normalmente já estou dormindo.

Chamou Ana para o quarto, mas ela insistiu para que ficassem mais um pouco.

— Vamos, Estela... Há tanto tempo que não ouvimos Tomás tocar. Além do mais, a noite é uma criança. – Ana sorriu jovialmente.

Estela não conseguia mais ficar, estava realmente exausta. Então se retirou da sala, mas alertou para não ficarem por muito mais tempo, pois não conseguiriam acordar no outro dia.

Tomás a tranquilizou falando que iria tocar somente mais uma música para o agrado de Ana e que depois também seguiria para o quarto.

Assim que Estela se retirou da sala, Tomás retomou a música.

Ele toca divinamente bem!

Quando parou de tocar, Ana se levantou e se sentou ao seu lado. A proximidade era tanta que os braços até se encostaram, mas ele se afastou como que por um impulso.

— Não se afaste de mim, por favor! – Ana falou chorosa.

— Eu prometi só mais uma música. Agora está na hora de irmos dormir. Vamos!

— Não, antes quero falar de um assunto com você. Eu... Eu queria me desculpar por aquele dia na feira. Me comportei como uma criança e te desrespeitei. Me perdoe, por favor!

— Eu já esqueci aquilo. Espero apenas que não se repita. Não questione nunca o sentimento que tive por sua mãe, mas ela partiu e eu preciso, de alguma forma, retomar a minha vida. Os olhos dele ao falar ficaram ainda mais tristes. Ana teve vontade de abraçá-lo, mas se conteve.

— Quem é aquela mulher? Vocês estão namorando? – Ana fez um esforço descomunal para aparentar indiferença na voz ao perguntar.

— Eu te falei naquele dia. É uma amiga dos tempos do supletivo. Inclusive, conhecia sua mãe. E não estamos namorando, foi apenas um encontro, nada mais.

Ana se sentiu aliviada.

— Agora vamos, Ana. Precisamos dormir.

— Tomás, por favor, toque mais um pouco. Gosto tanto de ficar na sua companhia.

— Não acho apropriado. Prometemos à Estela que seria somente mais uma música. Vamos dormir agora!

— Tomás, por que te incomoda tanto ficar na minha presença?

— Eu não me incomodo em ficar na sua presença. De onde tirou isso?

— Tirei do fato de você ter há pouco quase pulado do sofá quando encostei em seu braço. E por agora estar praticamente me obrigando a ir dormir quando quero ficar aqui com você! – Ana estava com a voz alterada.

— Ana, você já está agindo como uma criança novamente.

— Não mude de assunto. Eu preciso entender por que eu te incomodo tanto.

— Eu não vou ficar aqui discutindo com você. Esse assunto não tem sentido algum, está tarde, estou cansado, você tem aula amanhã cedo e precisamos ir dormir, é só isso. Pare de criar situações que só existem na sua cabeça.

Tomás se levantou, deu as costas para Ana e foi saindo da sala. Ela se levantou e o segurou pelo braço com força.

— Você vai me deixar aqui plantada de novo como fez na feira naquele dia?

— Você acaba de me pedir desculpas pela extrema falta de educação daquele dia, mas agora repete a mesma atitude. Eu já estou perdendo a paciência.

— Ah, você está perdendo a paciência? Ainda bem. Demonstra que tem sangue na veia, afinal. Odeio esse seu jeito contido e comedido o tempo todo. ODEIO! ODEIO! – Ana já estava falando aos berros.

— Fique quieta, Ana. Você vai acordar e assustar a Estela. Pelo amor de Deus, o que está acontecendo com você? Está descontrolada!

— Você quer saber de uma coisa, Tomás? Eu estou descontrolada mesmo. Você me tira do sério!

— Então, se eu sou tão horrível assim e você me odeia tanto, por que diabo insiste em ficar aqui nessa sala comigo? Agora sou eu que quero saber!

Ana estava a ponto de explodir, mas não conseguiu confessar seus sentimentos.

— Para o diabo você, Tomás. Eu queria somente escutar um violino, só isso. Mas, agora, quero ir para o quarto e de preferência não olhar mais para essa sua cara pelo resto da minha vida.

Ana saiu batendo o pé. Tomás ficou parado de frente para a lareira, arrasado por conta da discussão. Não queria admitir nem para ele mesmo que aquele descontrole todo de Ana era reflexo de um sentimento dolorosamente reprimido, que ele se negava a reconhecer.

Ana chorou por um bom tempo, mas conteve os soluços para não acordar Estela. No outro dia tomaram o café da manhã antes mesmo de o dia clarear. O frio estava cortante e eles não trocaram uma palavra sequer à mesa, somente Estela falou comentando sobre a noite agradável e agradecendo a hospitalidade.

Tomás foi guiando o carro de Estela. A estrada estava escorregadia pela formação de placas de gelo. Ana olhava para fora apreciando a paisagem. Havia crostas de gelo nas araucárias e os campos estavam esbranquiçados devido à geada, o que proporcionava uma beleza singular à vegetação.

Tomás a olhava de relance pelo retrovisor, mas ela não o olhou nenhuma vez durante todo o percurso.

Ana desceu do carro e se despediu secamente, virou as costas e entrou em casa. Estela ficou parada na porta junto a Tomás, agradeceu-o novamente e reforçou o convite para o aniversário de Ana, que iriam comemorar no dia seguinte.

— Eu agradeço o convite, mas não sei se Ana quer realmente que eu venha à festa. Talvez seja melhor eu não aparecer.

— Do que está falando? Nós fomos ao sítio ontem só pra te fazer esse convite. Ela fez questão de falar com você pessoalmente!

— É, mas ontem tivemos uma discussão e ela mesma disse em alto e bom som que não quer me ver pelo resto da vida.

— Olha, Tomás, eu não sei o que houve entre vocês e agora não teremos tempo de conversar, mas faço questão da sua presença aqui amanhã. Além do mais, Lúcio estará aqui e eu quero muito que você o conheça. Preciso de sua opinião quanto a esse rapaz.

— Está certo, Estela. Amanhã estarei aqui.

A casa de Estela não era grande, mas tinha uma sala de tamanho suficiente para acomodar os amigos de Ana. No centro contava com uma grande mesa de dez lugares.

A noite estava muito fria, continuava a gear, portanto não teriam como utilizar o quintal, todos teriam que ficar dentro de casa. Lúcio foi o primeiro convidado a chegar. Foi Estela quem o recebeu na porta. Ana ainda estava no quarto dando um último retoque na maquiagem.

Quando Ana apareceu estava como de costume, maravilhosa! Simples, mas bem vestida. Usava um vestido curto lilás com mangas compridas que marcava sua cintura, e por baixo uma meia calça cor da pele fina. A bota era de cano longo e de salto alto fino.

— Olá, Lúcio. Como sempre pontual, não? – Ana abriu um sorriso e o abraçou de forma afetuosa.

— E você encantadora como sempre! Parabéns, linda. Desejo que você seja muito feliz e consiga realizar todos os seus sonhos!

Lúcio carregava uma embalagem sofisticada nas mãos, que continha uma caixa preta toda aveludada. Ele entregou o presente a Ana e pediu que o abrisse.

Quando Ana abriu ficou estarrecida. Havia um colar de ouro branco com um pingente de rubi com diamantes. Nunca ganhara uma joia. Na verdade, nunca havia sequer visto uma joia daquelas.

— Lúcio, o que é isso? É uma joia de verdade?

— Ora, claro que é! – Ele se aproximou do ouvido de Ana e cochichou baixinho: – Uma joia para a joia mais rara da minha vida.

— Lúcio, você é impossível! Não sei nem se posso aceitar um presente desses! – Ana o abraçou novamente.

Enquanto conversavam, Estela observava tudo, e quase caiu para trás ao ver a joia levada por Lúcio.

Esse rapaz está apostando alto mesmo para ganhar minha Ana. Oh, céus!

Em seguida bateram à porta. Era Julia com a família. Ana deixou Lúcio e foi cumprimentá-los. Depois chegaram mais alguns amigos da escola. Apenas Marcos não apareceu. Ainda estava desolado com o término do namoro. Foram, ainda, dois casais amigos de Estela. Agora só faltava Tomás.

Ana olhava apreensiva para o relógio. Já tinha certeza de que ele não apareceria devido à discussão da noite anterior. De repente, bateram à porta e ela mesma correu para abrir. Era Tomás.

Ele vestia uma calça brim preta com uma camisa vermelha de manga comprida e por cima um casaco pesado. Usava luvas e cachecol. Segurava o estojo do violino na mão direita e na mão esquerda um buquê de flores brancas.

— Boa noite, Ana!

Ela conteve a euforia pela chegada dele e o cumprimentou de forma fria.

— Boa noite, Tomás.

Ana não se aproximou para abraçá-lo, mas ele colocou o estojo no chão, enlaçou sua cintura e se aproximou do seu rosto, dando-lhe um beijo na bochecha e lhe entregando as flores. Ela sentiu o cheiro da colônia pós--barba e a pele macia.

Oh, meu Deus, como esse homem mexe comigo!

Ana percebeu que dentro do buquê de flores havia um CD. Abriu a embalagem e viu que era músicas clássicas ao violino, uma relação de melodias dos compositores que Tomás mais gostava de tocar e, por consequência, que Ana mais amava ouvir: Mozart, Beethoven e Bach.

Tomás passou por Ana e foi cumprimentar as demais pessoas que estavam na casa. Partiu, primeiramente, em direção a Estela e depois se dirigiu aos demais convidados. Estela pegou o estojo do violino e guardou no quarto.

Os jovens tomavam suco de uva e de maçã, os mais velhos tomavam vinho e um licor de maçã feito por Estela. Tomás se serviu com uma taça de vinho.

Ana colocou umas músicas no som e a noite transcorreu alegre.

Estela serviu *pretzel* e salsichas de entrada, de prato principal serviu joelho de porco, chucrute e batatas cozidas, e de sobremesa iria servir uma *strudel*. Estela tinha predileção pela culinária alemã.

Ana procurou dar atenção a todos e colocou Lúcio próximo à família de Julia, e eles o ocuparam praticamente a noite inteira. Com os colegas de escola ela chegou até a arriscar uns passos de dança. Eles afastaram os móveis da sala e colocaram umas músicas dançantes.

Depois do jantar, quando os convidados já estavam partindo para a sobremesa, Estela chamou Tomás para apresentar-lhe Lúcio.

— Lúcio, gostaria de apresentar um grande amigo meu e de Ana. Esse é Tomás. Ele foi namorado da mãe de Ana, já falecida.

Ele achou Tomás muito jovem para ter sido namorado da mãe de Ana, mas não fez nenhum comentário. No entanto, recordou-se dele do dia da feira. *Foi com esse cara que Ana falou e saiu correndo chorosa. Será que tenho com o que me preocupar? Não, não é possível, o cara foi namorado da mãe dela!*

Lúcio e Tomás começaram a conversar amenidades, especialmente sobre trabalho. Tomás lhe revelou que fabricava móveis e que possuía uma marcenaria e Lúcio lhe contou um pouco sobre os negócios da família, mencionando a compra da fazenda na região pelo interesse em entrar no mercado da fruticultura.

Enquanto conversavam, Ana se aproximou oferecendo a sobremesa. Ambos aceitaram e Tomás retornou ao seu lugar ao lado de Estela.

Ana não aguentava mais fazer sala a todos. Estava desesperada para ter a oportunidade de ficar a sós com Tomás. Além do mais, começava a sentir uma tristeza profunda, a lembrança de Beatriz estava muito forte naquele dia. Era o primeiro aniversário longe da mãe.

Ana já começava a se arrepender de ter aceitado a ideia da festa, mas Estela havia insistido tanto que não tivera como recusar.

Tomás terminou a torta e saiu para o quintal. Estava uma noite gelada, mas ele se afastou da "multidão". Não apreciava encontros sociais, precisava pegar um ar.

Ana despistou-se dos convidados e foi para o quintal. Ele estava de costas para a porta, com as mãos nos bolsos se protegendo do frio, e estava com um olhar distante, mas notou a aproximação de Ana e se virou.

— A aniversariante também resolveu pegar um ar? – Tomás deu um sorriso meigo.

— Sim! Já estou cansada dessa festa. Você não?

Tomás manteve o sorriso.

— Não deveria estar! Tudo foi feito com tanto carinho por Estela e você está rodeada só de pessoas que te amam.

— Eu sinto falta dela, Tomás!

Ele se aproximou de Ana e a abraçou. Ana aproveitou um pouco o conforto do abraço, mas depois se afastou e o encarou.

— Ana, onde quer que Beatriz esteja ficará feliz em ver que você está seguindo com a sua vida. Ela deixou uma lágrima cair e Tomás a secou com o dorso da mão. Eles continuaram se olhando por um tempo.

— Vamos entrar? Seus convidados sentirão sua falta. Especialmente, seu namorado.

— Namorado? Eu não tenho namorado.

— E quem é esse Lúcio? – Estela tem me falado bastante a respeito dele.

— Lúcio é só um amigo. E agora eu quero saber por que você trouxe o violino, mas nem fez menção em tocar.

— Eu trouxe o violino com a intenção de me desculpar, já que você queria tanto ouvir mais um pouco aquela noite e eu fui ranzinza e me neguei a continuar o show.

Ana abriu um sorriso.

— Você está me pedindo desculpa e ainda por cima admitindo ser ranzinza? Ganhei a noite!

Os dois riram juntos de forma descontraída.

— Não é isso, Ana. Só quero que paremos com essas discussões sem sentido. Somos amigos e quero que você compreenda que poderá sempre contar comigo. Chega de desentendimentos, certo?

— Certo, Tomás!

— Agora estou curiosa... Veio mesmo aqui com a intenção de tocar para essa gente toda? É realmente o Tomás que eu conheço? – Ana caiu na risada.

— Eu quero ficar de bem com você, mas a minha vontade não chega a esse ponto. Obviamente, eu tocarei apenas quando todos partirem. – Agora foi a vez de Tomás sorrir.

Enquanto conversavam, Lúcio se aproximou.

— Ana, estávamos te procurando. Vocês não estão congelando aqui fora? – Lúcio abriu um sorriso sem graça.

Ela foi até ele e se desculpou pela ausência.

— Estávamos aqui tomando um ar, mas ainda bem que você veio nos resgatar, já estávamos congelando. Os três riram da observação de Ana e voltaram para dentro de casa.

Lúcio foi o último a partir. Ficou até o derradeiro momento, esperando que Tomás fosse embora, mas quando entendeu que ele não partiria resolveu fazer uma saída estratégica, mas a batalha estaria perdida somente por aquela noite.

Eu não vou perder Ana para um marceneiro ex-namorado da mãe dela. Agora virou uma questão de honra.

Ana foi com ele até a porta, deu-lhe um beijo no rosto e agradeceu mais uma vez pela presença e pelo belo colar. Quando voltou para dentro, Estela estava sentada no sofá, toda empolgada.

— Vamos, Ana! Tomás irá tocar um pouco para nós! Ainda bem que hoje é sábado, amanhã podemos acordar tarde. Hoje eu que digo: a noite é uma criança!

Os dois riram da empolgação de Estela e perceberam que ela estava um pouco de pileque, mas Ana e Tomás adoraram ver que estava feliz.

Tomás tocou para as duas até de madrugada, depois se despediu com um abraço em cada uma e partiu.

Ana revirou na cama o restante da noite. Tentava entender as atitudes de Tomás, mas os sentimentos dele eram uma incógnita.

Será que algum dia ele poderá me enxergar com outros olhos? Será que já percebeu o quanto o amo? Será que estou ficando louca? Ana conseguiu pegar no sono somente quando já estava amanhecendo.

Eles passaram alguns meses tendo pouco contato. Tomás estava atarefado com o trabalho e quase não ficava em casa, passava longas horas na marcenaria ou viajando pelo estado entregando encomendas, e quando ia até a casa de Estela quase não se encontrava com Ana.

Já com Lúcio, Ana falava todos os dias. Ele sempre ligava à noite, pois sabia que a encontraria em casa. O interesse de Lúcio encantava Ana. Ele era um terreno seguro, seus sentimentos eram concretos e não passíveis de dúvidas.

Durante aqueles meses chegaram a trocar alguns beijos, nada muito intenso, mas Ana sempre cortava o momento dizendo que entre eles deveria existir apenas uma amizade. Porém, Lúcio era paciente e persistente.

O tempo passou e chegou novembro com o clima já esquentando. Ana estava concluindo o ano letivo e o pomar estava em época de trato para a retirada do excesso dos frutos nos cachos. Ana se mantinha ocupada o dia todo, cuidando de seus estudos e de suas macieiras.

Em um dia de sábado ensolarado, já no auge do calor na região, Ana acordou extremamente excitada com a vida. Queria sair, banhar-se na cachoeira, correr nas serras, quem sabe até passear pelos cânions. O clima a estava motivando, então decidiu ligar para Tomás.

Fazia meses que eles não tinham um momento sozinhos. Decidiu que iria convidá-lo para passarem o dia juntos.

É uma cartada arriscada, mas à vezes ele demostra algum interesse, afinal!

Ana pegou o telefone e com o coração na boca rogou a Deus para que ele atendesse.

— Oi, Tomás. Sabe quem está falando, não é?

— Claro, Ana. Como vai?

— Então, já viu o dia lindo que está fazendo? Pensei em darmos um mergulho na cachoeira e depois fazer um passeio a cavalo. E já aviso que seria somente eu e você. O que me diz?

— Não posso, tenho muito trabalho a fazer hoje. Só vou terminar tarde da noite.

— Poxa... Eu nunca te convido para nada. Vai me dar um fora desse?

— Isso não é um fora, é questão de compromisso mesmo. Tenho certeza de que você irá conseguir uma companhia mais disponível para curtir este dia.

A indiferença de Tomás doeu fundo no coração de Ana. Desligou o telefone completamente desiludida e chateada. Então, bateram à porta. Quando abriu viu que era Lúcio, com o mesmo sorriso largo de sempre. Quando Ana o avistou, sentiu que o dia havia voltado a brilhar.

Enfim, alguém que me dá valor!

Ana e Lúcio foram para a cachoeira. Chegando lá Ana ficou só de biquíni. Lúcio teve até palpitações ao vê-la sem roupa. Ele havia passado numa loja da cidade e comprado uma sunga, pois não havia ido preparado para um dia na cachoeira, mas se sentiu completamente empolgado quando Ana fez o convite, ainda mais quando contou que iriam sozinhos.

Ana observou Lúcio. Ele era baixo, mas musculoso, tinha o peito liso, quase sem pelos, e a pele era alva, os olhos negros e brilhantes emanavam luxúria.

Quando entraram na água sentiram-na fria, mas logo seus corpos se acostumaram. O clima fora estava quente, o sol queimando. Ana ria e brincava na água, dando mergulhos profundos.

Lúcio se aproximou de Ana e enlaçou sua cintura. Supreendentemente, dessa vez ela não se afastou. Ele beijou seu pescoço e mordeu de leve sua orelha e, então, chegou à boca.

Suas línguas se entrelaçaram e Ana o sugou vorazmente, retribuindo seu desejo. Lúcio estava completamente excitado, então desceu a mão e retirou o top do biquíni de Ana, abaixou a cabeça e beijou seus seios. Ela gemeu de tanto prazer.

Lúcio começou a esfregar seu corpo ao de Ana com sofreguidão e, nesse momento, a razão falou mais alto e ela o afastou delicadamente.

— Lúcio, por favor, vamos parar por aqui! Não vá com tanta sede ao pote. – Ana sorriu ofegante.

— Ah não, por favor, não me peça para parar agora. Você também quer. Eu posso sentir. E você já deve ter feito isso antes. Não me torture dessa forma.

— Sim, eu quero, mas estou pedindo que pare! Já fomos longe demais. E não, nunca fiz isso antes. Eu sou virgem Lúcio e pretendo me manter assim! Dessa vez, Ana falou firme, já tinha recuperado totalmente o juízo.

Lúcio parou imediatamente, beijou-lhe os olhos, a bochecha, e se afastou.

Meu Deus, ainda por cima é virgem! Tem como ficar melhor?

— Eu não imaginava isso, minha querida! Quer saber de uma coisa, uma hora dessas você me mata do coração. Resistir a você é quase uma missão impossível!

Os dois riram juntos. Ana ajeitou o top no lugar e mergulhou, indo para o outro lado do poço. Saiu da água e foi se secar para vestir a roupa.

No caminho de volta, Lúcio segurou a mão de Ana. Ao parar na porta da casa de Estela, encarou-a.

— Ana, não posso mais continuar assim! Há meses venho aqui todos os finais de semana, passo os dias com a cabeça nas nuvens pensando em você, até o meu trabalho está jogado às traças, mas você insiste em dizer que entre nós só pode haver uma amizade. Eu não consigo mais. Eu quero você para mim por inteira!

Ana se aproximou dele, segurou seu rosto e o beijou nos lábios. Ele retribuiu o beijo e depois se afastou, dizendo:

— O que significa o dia de hoje?

— Significa uma "amizade colorida"? – Ela disse e sorriu de forma debochada.

— Não é isso que quero ter com você! Eu quero muito mais, quero você para mim! Quero te namorar, quero te apresentar a minha família, quero me casar com você e ter filhos! Eu... Eu estou apaixonado!

Ana engoliu em seco.

Lúcio está falando em paixão? Está falando em casamento e filhos? Oh, céus!

— Vamos fazer o seguinte... Não falemos em casamento, ok? Mas aceito namorar você e aceito, a partir de agora, fazer parte efetivamente da sua vida. Serve assim?

Lúcio sorriu e a beijou profundamente.

— Assim já está de bom tamanho, minha querida!

***

Ana e Lúcio ficavam cada vez mais próximos. Ele ligava sempre, às vezes mais de uma vez ao dia, e aparecia para vê-la até no meio da semana. Os beijos continuavam mais ardentes e as carícias mais profundas. Ana adorava ser tocada por Lúcio, mas resistia em perder a virgindade. Sempre que se empolgava além da conta cortava o clima e o afastava.

Àquela altura Lúcio quase não se recordava de Tomás, já não havia mais desconfianças, afinal, o namoro com Ana estava cada vez mais firme e Tomás havia praticamente desaparecido de suas vidas. Pelo menos era nisso que ele acreditava.

Em um final de semana Lúcio levou Ana e Estela para conhecerem sua mãe. Elas ficaram hospedadas na casa da fazenda que a família tinha em Florianópolis.

Érika, mãe de Lúcio, era uma mulher altiva, mas conseguiu deixar Ana e Estela à vontade durante a estadia. As duas ficaram impressionadas com a riqueza do lugar, uma mansão com dez quartos, uma sala gigantesca integrada à cozinha, com móveis modernos e extremamente sofisticados. Os jardins eram belos, bem cuidados e de se perderem de vista.

Ficaram hospedadas em um quarto enorme, que tinha até lareira, além de banheiro privativo com banheira. Era um luxo que Ana sequer imaginava que existisse.

O Natal estava próximo e Lúcio iria viajar a Nova York para passar as festas com o pai e os irmãos, já que Érika iria viajar para a Alemanha a convite de seu irmão, que morava em Munique. Lúcio chegou a convidar Ana para viajarem juntos, mas ela recusou o convite veementemente.

Isso já seria demais!

Dois dias antes do Natal, Lúcio, ainda relutante em deixar Ana, viajou para Nova York. Iria passar as festas e ainda ficaria todo o mês de janeiro por lá a trabalho.

Estela e Ana combinaram de passar o Natal no salão de eventos da igreja. O padre havia organizado uma festa comunitária e cada família levaria um prato para compor a mesa da ceia.

A noite estava linda e a comida era farta, diversas pessoas da cidade foram à festa que, apesar de ser no salão da igreja, foi regada a vinho e a licor de maçã.

Ana, como sempre, estava estonteante. Usava uma saia curta e uma blusa vermelha com botões nas costas, sandálias de salto alto, e os cabelos longos estavam soltos, os olhos amendoados destacados por um rímel suave e a boca carnuda ainda mais chamativa com um batom vermelho. O clima estava ameno, dispensando o uso de casaco.

Quando Ana chegou à festa, a primeira pessoa que avistou foi Tomás. Nos últimos meses ele havia se afastado bastante e Ana suspeitava até que estava deliberadamente mantendo distância. Ela não conseguia entender o porquê e sofria muito com aquilo, mas já se conformara, não tinha o que fazer a respeito.

Tomás estava particularmente belo naquela noite. Usava uma camisa polo de manga curta branca sobre uma calça de sarja que contrastava com suas botinas marrons. A barba estava cerrada, o que lhe conferia um ar mais másculo e destacava ainda mais o azul dos seus olhos.

Ana até suspirou ao se aproximar e cumprimentá-lo com um beijo no rosto. Ela adorava o cheiro dele misturado a uma colônia suave. Notou que ele estava mais encorpado, os braços e o peito mais musculosos. *Os meses de trabalho em excesso estavam fazendo bem para o físico,* pensou Ana.

— Oi, sumido. Como vai você?

— Olá, Ana. Eu estou bem! Que bom te encontrar aqui esta noite!

— É mesmo? Você está feliz em me ver aqui? Pensei que tinha se esquecido completamente de mim!

— O que é isso, Ana. Você é inesquecível! Além do mais, nos últimos anos passamos todos os Natais juntos e fico feliz por este não ser diferente. – Ele sorriu satisfeito.

Ana não resistiu ao comentário e se aproximou, dando-lhe um abraço. Ele retribuiu o gesto. De repente, Estela se aproximou e eles se afastaram.

— Oi, meu querido! Conseguiu chegar aqui antes de nós, hein? Ana agora demora horas para se arrumar, é um suplício. – Todos caíram na risada com a observação de Estela.

Tomás arrumou uma mesa e os três se sentaram juntos. Ana puxou assunto sobre o aniversário de morte de Beatriz. Em janeiro completaria um ano de sua partida. Ela comunicou que havia pedido ao padre para celebrar uma missa em homenagem à mãe e fazia questão da presença de Tomás. Ele assentiu com a cabeça e confirmou que iria à missa sem falta.

Enquanto conversavam, mais amigos foram se juntando a eles, e logo estavam com quatro mesas unidas e diversas pessoas conversando ao mesmo tempo. Tomás logo disfarçou e se levantou. Era impressionante como se incomodava com tumulto e reuniões sociais.

Tomás se aproximou da banda que estava tocando para animar a festa. Tocavam com uma bateria, baixo, teclado e um violão. Ele trocou algumas ideias com o vocalista e elogiou as duas meninas que faziam *backing* vocal, depois se afastou, deixando que a banda prosseguisse com o som, e saiu do salão.

Ana o acompanhou com os olhos, mas decidiu que não iria atrás dele. Ela resolveu se levantar, foi até o balcão e serviu um pouco de vinho branco.

Espero que Estela não veja que estou bebendo, senão vai me importunar o resto da noite.

Julia se aproximou de Ana para contar uma novidade. Havia começado a namorar um rapaz da cooperativa que já era contador formado.

Ana ficou feliz e perguntou onde estava o rapaz de sorte, mas Julia contou que ele tinha família em Minas Gerais e que havia ido passar as festas com eles, mas acrescentou que assim que retornasse iria apresentá-lo a Ana.

— Então hoje temos mais um motivo para comemorar! Vamos, Julia, beba um pouco de vinho comigo!

— Olha lá, hein? Você é menor de idade, não pode beber. Se Estela ou o padre verem que nesse copo aí tem é vinho e não suco de maçã você vai estar em maus lençóis. – Julia caiu na risada.

— Ah, não Julia, até você? Já não basta Tomás, Estela e o resto do mundo? Eu não vou morrer por tomar um pouco de vinho, por favor! Julia riu mais ainda da amiga e resolveu acompanhá-la no vinho.

Ana estava agoniada. Tomás não voltava para o salão e ela se segurava para não ir atrás dele. Já tinha tomado dois copos de vinho e se sentia um pouco tonta, porque não tinha costume algum com bebida alcóolica.

Será que ele foi embora sem se despedir de mim? Não seria de se estranhar!

A banda havia começado a tocar umas músicas sertanejas ótimas para dançar a dois e os casais começaram a ocupar o centro do salão. Tomás havia, enfim, entrado, mas veio acompanhado de uma mulher. Quando Ana firmou os olhos, percebeu que era a mesma loira do dia da feira.

Não acredito! Aquela horrorosa está novamente rondando Tomás? Será que eles estão tendo alguma coisa? Que se dane!

Ana estava eufórica devido ao vinho. Começou a conversar alto e de forma exagerada, sorria sem parar e dançava sozinha no meio do salão. Diversos rapazes a importunavam, convidando-a para dançar, mas ela recusava a todos.

Tomás começou a observá-la de longe e percebeu que tinha algo errado. Pediu licença à amiga e foi em direção a Ana. Chegando lá ouviu um rapaz insistindo para que Ana dançasse com ele. Estava até segurando no braço dela, mas Ana dizia que não queria e tentava desvencilhar-se dele. Tomás se aproximou e segurou o braço do rapaz, imprimindo uma leve força.

— Acho que eu a ouvi dizendo que não quer dançar – falou Tomás impositivamente.

O rapaz soltou Ana, amedrontado, pediu desculpas e se retirou. Ela olhou para Tomás e soltou uma gargalhada alta.

— Ana, você não está bem!

— Ah, não! Se veio aqui me recriminar pode voltar lá para aquela loira azeda e me deixar aqui em paz! Eu só estou feliz, dançando e me divertindo.

Tomás não queria começar a discutir, só queria tirar Ana do meio do salão.

— Ok, Ana. Então comigo você aceita dançar?

— Tomás, você está me convidando para dançar? Será que eu estou sonhando?

— Não, você não está sonhando, você está é de pileque mesmo. Vamos! – Tomás pegou na mão de Ana e a conduziu para fora do salão.

— Você me tirou de lá, mas me convidou para dançar! Agora vai ter que dançar. – Ela riu novamente, só que agora de forma contida.

Ele sorriu, pegou na cintura de Ana e se aproximou do seu corpo. Ela enlaçou o pescoço dele com os braços e eles começaram a dançar seguindo o ritmo da música.

Ana estava de salto, o que diminuía a diferença de altura entre eles, mas ainda assim precisava dobrar levemente o pescoço para olhá-lo nos olhos. Tomás sustentou o olhar e eles se encararam durante todo o tempo que dançaram juntos.

Duas músicas depois Ana repousou a cabeça no peito de Tomás, ele a abraçou e parou de dançar.

— Você se cansou? Vamos entrar e tomar uma água? Eles vão servir a ceia. Já vai dar meia-noite – ele falou, com extrema ternura.

— Eu não me cansaria nunca de dançar com você! Por favor, não deixe que a carruagem volte a ser abóbora só porque deu meia-noite! Fique aqui comigo. Eu estava com tanta saudade de você! – Ela o encarou, mas desta vez ele desviou o olhar.

— Ana, precisamos entrar para comer alguma coisa. Você andou bebendo, não é? Você insiste em fazer coisas que não são condizentes com a sua idade.

— Eu bebi só um pouco. Não venha querer atribuir aos dois copos de vinho que tomei a minha vontade de ficar aqui com você.

— Ana, vamos entrar!

— Por quê? Eu vi como você me olha, porque não admite logo que... – Ele a interrompeu antes que ela terminasse a frase, dizendo:

— Eu não te olho de maneira alguma. Vamos mudar o rumo dessa conversa antes que você fale algo que depois não vai ter retorno.

Ele pegou nas mãos de Ana e começou a arrastá-la para dentro do salão. Ela não ofereceu resistência, estava morta de vergonha e, mais uma vez, arrasada.

Ana entrou no salão e procurou por Estela. Antes foi ao balcão e se serviu com um copo de água. Tomás partiu em direção à loira, que depois Ana soube que se chamava Carolina.

— Estela, eu quero ir embora, não estou me sentindo muito bem.

— Minha filha, eu já tinha rodado esse salão atrás de você. Onde estava?

— Estava lá fora conversando com Tomás, mas agora quero ir embora.

— Mas vão servir a ceia agora e eu estou com fome. Você não aguenta esperar nem mais uns quinze minutos?

— Claro, Estela. Vamos esperar a ceia então.

Ana não se levantou mais da mesa. Começou a sentir uma leve dor de cabeça e resolveu se servir de um pouco de comida, mas largou tudo no prato, não tinha qualquer apetite. A dor de cabeça que estava sentindo atribuiu ao vinho, mas, acima de tudo, à decepção com Tomás.

Por volta da uma da manhã, Tomás se aproximou da mesa de Ana e Estela para se despedir. Ana percebeu que Carolina estava do outro lado do salão a espera dele.

Ana mal olhou nos olhos de Tomás, e quando se despediu ela permaneceu calada, somente Estela lhe respondeu. Então, ele partiu acompanhado.

Ah, meu Deus! Será que isso tem como ficar pior? – Ela estava desolada.

Tomás acompanhou Carolina até em casa. Era uma mulher atraente e nos últimos meses eles haviam tido alguns encontros. Chegaram a dormir juntos algumas vezes, mas ele nunca havia lhe prometido nada e se sentia incapaz de assumir algo sério com quem quer que fosse.

Carolina o convidou para entrar, mas naquela noite ele não estava nem um pouco disposto.

— Eu agradeço, mas hoje não. Estou cansado, a noite foi longa.

— Tem certeza? Podemos tentar fazer a noite ficar mais agradável e eu posso fazer você relaxar. – Ela se aproximou e beijou-lhe os lábios.

Ele retribuiu o beijo, mas se afastou e, mais uma vez, negou o convite. Carolina desistiu de insistir, virou-se e saiu da caminhonete. Tomás estava completamente aborrecido com o transcorrer dos acontecimentos daquela noite, não suportava a ideia de que Ana estava querendo algo além da amizade.

Tomás relutava sobremaneira em admitir, mas naquela noite adormeceu pensando em Ana e em seus olhos amendoados. O sentimento era de uma terrível culpa e desolação.

Meu Deus, ela é a filha de Beatriz! O que está acontecendo comigo?

No outro dia, Lúcio ligou cedo, mas Ana mandou Estela falar que estava dormindo. Passou o dia na cama profundamente deprimida. Ao cair da noite, Lúcio ligou novamente e mais uma vez ela mandou inventar uma desculpa e não atendeu ao telefone. Ana estava exaurida, não queria falar e nem ouvir ninguém.

Lúcio desconfiou que tivesse algo errado. Chegou a pensar que Ana pudesse ter de alguma forma descoberto que na noite de Natal ele havia feito sexo com uma mulher que conhecera na grande recepção organizada por seu pai, mas tal suspeita era infundada, já que ninguém que estivesse em um local daquele, em Nova York, poderia saber da existência de Ana. Mas, mesmo assim, Lúcio estava profundamente angustiado e preocupado.

Será que o que estou sentindo é culpa? Ah, mas para o inferno com isso! Um homem como eu passar meses sem sexo? Ana está pedindo para ser traída! De toda maneira, foi só sexo, sentimento mesmo só tenho por Ana.

Depois de um dia inteiro sem falar com ela e consumido pela culpa, Lúcio resolveu antecipar a volta para o Brasil. Não iria mais passar o mês de janeiro em Nova York. Ficaria apenas mais alguns dias depois da virada do ano e retornaria.

Ana combinou com Estela que não iriam para festa alguma no *Réveillon*. Insistiu para que ficassem em casa e fizessem apenas um jantar, poderiam convidar no máximo Julia e a família. Estela estranhou, mas Ana sequer cogitou convidar Tomás.

A família de Julia aceitou o convite e eles tiveram uma noite agradável de virada de ano, Estela apenas cumprimentou Tomás por telefone, até o convidou para o jantar, mas ele negou com a desculpa de que já tinha outro compromisso.

Na verdade, Tomás resolveu passar a virada do ano sozinho. Reuniões sociais não o agradavam e estava precisando organizar as ideias e os sentimentos.

Lúcio retornou alguns dias antes da missa em homenagem ao aniversário de morte de Beatriz. Ana ficou feliz em saber que ele havia antecipado a volta para o Brasil. Ela não estava apaixonada por Lúcio, mas a forma como ele a tocava e, principalmente, como demonstrava os sentimentos, encantavam-na. Lúcio a desejava muito, e isso a envaidecia.

No dia da missa, Ana estava sentada no primeiro banco da igreja e ao seu lado estavam Lúcio e Estela. Tomás se sentou no banco de trás, acompanhado por amigos de Beatriz.

Ele notou que Ana ficou emocionada durante quase toda a celebração e que Lúcio acariciava seu pescoço e seus ombros, tentando lhe dar algum conforto.

O namoro está ficando sério, afinal! Mas qual será a real intenção desse sujeito com Ana? Tomás refletia de forma involuntária.

Tomás, mesmo sem admitir, estava se sentindo incomodado em ver a proximidade e a intimidade de Ana e Lúcio. Por fim, resolveu se levantar e se sentou do outro lado da igreja.

Ele se aproximou de Ana ao final da celebração. Também estava muito emocionado. Era difícil desassociar a dor e a saudade da lembrança de Beatriz.

— Ana, a missa foi muito linda. Tenho certeza de que sua mãe, onde quer que esteja, está feliz por ter sido lembrada de forma tão terna.

— É mesmo, Tomás. Mas eu quero muito acreditar é que ela está aqui conosco! Ah, como me dói essa saudade!

Eles se abraçaram de forma afetuosa. Ana não conseguia ficar com raiva de Tomás por muito tempo. Com aquele abraço ela apagou o sentimento de desilusão que a havia consumido desde a última vez em que estiveram juntos.

Lúcio observava tudo de longe. Tomás o incomodava muito! Ele odiava a forma como Ana o olhava.

No final da celebração, Estela convidou os amigos mais próximos para uma rodada de chimarrão em sua casa. Todos aceitaram! Tomás não teve como recusar o convite de Estela.

Na reunião, a conversa girou praticamente em torno de Beatriz e a saudade que todos sentiam. Lúcio ficou perdido, pois não chegara a conhecê-la, mas o que mais estava o incomodando eram os olhares de Ana para Tomás e, pior que isso, Ana estava distante, algo havia saído do controle e ele não estava nada satisfeito com isso.

— Ana, minha querida, vamos lá para fora um pouco. Quero ficar sozinho com você. Preciso tratar de um assunto sério.

— Agora não, a casa está cheia. Estela precisa de mim. Acho melhor você ir. Amanhã conversaremos mais a vontade. Ana disse aquilo de forma seca e lhe deu um beijo discreto no rosto.

Ela estava se afastando, mesmo sem perceber, mas Lúcio tratava a vida pessoal como os negócios. Iria reverter essa situação de qualquer maneira. Concluiu que deveria se aproximar de Estela e ganhar definitivamente sua confiança. Seria por meio dela que começaria o embate.

Nos dias que se seguiram Lúcio visitava Ana com mais frequência ainda, mas chegava sempre antes do horário, fazia o possível para ficar com Estela a sós.

Ele chegou a ajudá-la um dia com os afazeres de casa, colheu verduras na horta e ajudou a preparar o jantar. Passavam horas conversando e quando Ana chegava estavam sempre rindo e interagindo como grandes amigos. Ana já havia percebido que Lúcio conquistava a todos e não desistia fácil. Ele era incansável.

Estela passou a confiar nos sentimentos de Lúcio por Ana e estava convicta de que aquele namoro não era simplesmente um passatempo para ele. Ela passou a ser a maior incentivadora do relacionamento de Lúcio e Ana.

Os meses transcorreram rápido. Ana estava para concluir o ensino médio naquele ano e já pensava em cursar uma faculdade.

Lúcio estava cada vez mais envolvido com Ana. Adorava sua jovialidade e sua determinação, e amava seu corpo, sua boca e seu olhar sensual, mas sentia que ela não se entregava por inteira, volta e meia a sentia distante, ausente, era como se Lúcio não fosse o suficiente, e isso lhe tirava o sono e o fazia ficar sempre em alerta, por isso intensificava cada dia mais a convivência.

O inverno já havia chegado e as temperaturas tinham despencado. Nos últimos meses Tomás havia se distanciado ainda mais, sequer Estela o via com frequência. Eles se falavam sempre, mas somente ao telefone.

Ana teve conhecimento de que Tomás estava envolvido com Carolina, mas eram fofocas da cidade, ele mesmo nunca havia admitido à Estela o envolvimento.

O distanciamento doía forte no coração de Ana, mas já estava cansada de sofrer e buscar uma aproximação. Estava levando a vida ao lado de Lúcio e de suas duas prioridades: o estudo e o pomar.

Era um inverno gélido. Estela estava de férias da escola e iria visitar o irmão em Porto Alegre, mas Ana se recusou a ir, pois era época de poda nas macieiras, os galhos velhos seriam retirados para provocar novas brotações. Além disso, Lúcio estava em São Paulo já fazia quinze dias e eles haviam combinado de se reencontrarem naquela semana.

Estela achou por bem comunicar a Tomás que iria viajar e que Ana estaria sozinha, e pediu que ele passasse em sua casa vez ou outra, ou mesmo ligasse, a fim de atestar que tudo estaria bem. Tomás jamais recusaria um pedido de Estela. No mesmo dia que ela partiu ele foi visitar Ana.

Quando chegou a casa, Ana havia acabado de preparar o almoço. Tinha feito somente arroz e ovo mexido. Ao ouvir Tomás chamar à porta, mal acreditou.

— Oi, Tomás! Tudo bem? Está procurando por Estela? Ela viajou para Porto Alegre. Não chegou a comentar com você?

— Oi, Ana! Na verdade, sim! Nossa, estou congelando aqui fora. Você me deixa entrar, por favor?

Ana riu de forma descontraída. Havia ficado tão surpresa com a visita que desatou a falar antes mesmo de convidá-lo a entrar.

— Claro! Pode entrar! – Ela se afastou e ele entrou na casa quase correndo. Lá fora o clima estava hostil, a temperatura estava negativa.

— Estela me ligou contando da viagem a Porto Alegre e que você ficaria aqui sozinha, então eu vim para dizer que estou no sítio esta semana e fico à disposição para o que você precisar.

— Neste momento eu preciso de companhia para o almoço, você aceita?

Tomás sorriu de forma graciosa e aceitou o convite.

— Mas vou ter que fazer mais uns ovos mexidos, pois só havia feito para mim. - Ana sorriu. E para não ficar tão pobre o almoço acabou por preparar também uma salada.

Os dois almoçaram juntos e conversaram por um longo tempo. Ana contou como estavam os estudos, o pomar, e falou também um pouco de Lúcio. Àquela altura ele já era tão presente em sua vida que seria impossível desassociá-lo de seu cotidiano.

Tomás, por sua vez, contou-lhe sobre os últimos trabalhos que tinha feito e falou também sobre uma viagem que iria fazer até Gramado, no Rio Grande do Sul, pois havia recebido uma encomenda de armários de uma pousada que seria inaugurada em breve.

— Nossa, tenho o sonho de conhecer Gramado. Até hoje só fui a Porto Alegre. Na verdade, sonho em conhecer o mundo! - Ana falou, até suspirando.

— Será que você é como Beatriz?

— Você diz como minha mãe em que sentido?

— Em uma das últimas vezes em que estive com Beatriz, ela me disse que tinha o sonho de fazer a diferença no mundo e de sair daqui. Inclusive, me falou que devido à proximidade da morte, esse sonho teria que ser projetado em você – Tomás respondeu melancólico, os olhos tristes até marejaram.

— Sim, eu gostaria de conhecer o mundo, mas não sou como minha mãe, porque, diferentemente dela, para mim nada do que tem lá fora pode ser maior do que o que eu tenho aqui. Eu amo a minha cidade, meu pomar, meus amigos, Estela e... Eu amo você!

O coração de Tomás disparou e suas mãos suaram. Ana havia dito de maneira despretensiosa que o amava, agora ele não sabia como reagir, então fez o que sabia fazer de melhor: desconversou e se retirou.

— Certo, Ana. Agora eu preciso ir. Já fiquei tempo demais. Estou cheio de serviço. Se precisar é só ligar.

Ana já esperava essa reação. Simplesmente, levantou-se da mesa e o acompanhou até a porta. Ele se despediu de longe, sem ao menos um abraço. Ela fechou a porta e desatou a chorar.

No início da noite Lúcio chegou a Florianópolis e de lá partiu direto para a casa de Ana, subindo a serra de carro. Estava morto de saudade e já sabia que estariam sozinhos.

É agora ou nunca! Hoje essa mulher será minha por inteira!

A viagem não era curta. Gastava em torno de três horas para fazer o percurso, mas naquela noite a saudade era tanta que ele apertou o acelerador. Queria ter Ana nos braços o quanto antes.

Ele poderia encurtar o tempo se fosse de helicóptero, mas Lúcio jamais entrava nessas aeronaves, pois quando mais jovem quase sofrera um acidente fatal em um helicóptero de propriedade da família. Depois disso, ele jurou nunca mais entrar em máquinas similares.

E, enquanto percorria a estrada, ia refletindo. Nunca havia experimentado um sentimento tão forte como o que tinha por Ana, e não era somente desejo sexual. Estava encantado por ela, chegava a admitir em alguns momentos que a amava, mas aquela vulnerabilidade o assustava. Gostava de manter o controle de tudo, no entanto, não tinha qualquer controle sobre aquele sentimento.

Durante o namoro com Ana chegou a ter relações sexuais com outras mulheres, mas nos últimos dias estava tão envolvido e obcecado por ela que não conseguia sequer desejar outra mulher.

Nem mesmo sexo tenho vontade de fazer com outra pessoa. Eu preciso ter Ana logo e de preferência para sempre.

Enquanto os pensamentos transbordavam, Lúcio pisava mais ainda no acelerador. Estava decidido a tê-la de qualquer maneira.

Quando conseguiu chegar à chácara de Estela já era tarde da noite. Ele teve a impressão de ter acordado Ana.

— Oi, minha querida. Não aguentou me esperar?

Lúcio abraçou Ana e a levantou do chão, rodopiando-a, e lhe beijou com intensidade.

Ana riu e se afastou.

— Espera, homem. Assim você me mata sufocada. Vamos, entre, está congelante aqui fora.

Lúcio soltou Ana e os dois entraram de mãos dadas. Ele começou a relatar como havia sido a viagem e falou até um pouco sobre os negócios. Ana não entedia nada do que ele falava, mas prestava atenção no assunto, de qualquer forma. De repente, Lúcio falou que estava muito cansado e sujo e que daria tudo por um banho.

— Nem passei em casa. Peguei o carro no estacionamento do aeroporto e toquei direto para cá. Será que eu poderia tomar um banho? Tenho uma muda de roupa limpa ainda na mala. Você se importaria?

— Claro que não, Lúcio! Vou pegar uma toalha, um sabonete novo e você pode ir tomar banho.

Enquanto Lúcio se lavava, Ana ficou pensativa e apreensiva:

Será que ele se lembrou de reservar uma pousada para passar a noite aqui na cidade? Ai meu Deus, espero que não esteja pensando em se convidar para passar a noite aqui. Estela me mata.

Lúcio terminou o banho e vestiu uma calça jeans surrada. Não calçou mais o tênis e não colocou a camiseta. Saiu do quarto com os cabelos ainda molhados, mas penteados. Ana sentiu o coração acelerar quando percebeu que ele estava só de calça.

Não era bonito no sentido literal da palavra, mas tinha um corpo atraente: magro, com o tórax bem definido, braços fortes, pernas relativamente grossas. Não era muito alto, então se encaixava perfeitamente ao corpo de Ana. Era sexy e charmoso.

— Ana, minha querida, espero que você não se importe de eu ficar um pouco à vontade. Estou exausto e ficar assim me relaxa.

— Mas você não está com frio? Esse cabelo molhado e esse peito nu, vai até pegar um resfriado.

— Não, Ana. O aquecedor está bem forte, está até calor aqui dentro. Você não está achando?

— Não, Lúcio. Na verdade, não estou com calor algum. Eu fiz uma sopa para você enquanto tomava banho. Pode jantar e descansar um pouco. Você se lembrou de reservar um pouso para esta noite, não é?

Ele foi se aproximando de Ana com um olhar sedutor, passou a mão em sua cintura e beijou seus lábios. Ana sentiu um frio percorrer a espinha.

— Obrigado pela sopa. Estou mesmo com muita fome, mas se não fosse pela oferta da comida juraria que você está, na verdade, querendo correr comigo daqui. Está com medo de ficar sozinha comigo? - Lúcio disse, com os lábios rentes ao de Ana. Ela se afastou de forma discreta.

— Não é isso. É que está muito tarde. Além do mais, eu estou sozinha em casa. Você sabe disso. Se Estela ficar sabendo que estou, a uma hora desta da noite, com um homem praticamente pelado no meio da sala, é provável que ela volte de Porto Alegre correndo a pé, esta noite ainda, e me enforque assim que chegar.

Lúcio riu alto da sinceridade de Ana, mas não desistiu de tentar seduzi-la. Colocou novamente a mão na cintura dela e a puxou para perto de seu corpo.

— Como você mesma acaba de dizer, estamos sozinhos aqui. Se você não falar nada, e sabendo que eu certamente não falarei, como Estela vai saber dos detalhes, hein? E você não está com um homem qualquer "pelado" no meio da sala. Eu sou seu namorado há meses, diga-se de passagem, e Estela confia em mim.

Ele disse aquilo e começou a mordiscar a orelha de Ana levemente, e prosseguiu beijando seu pescoço. A mão direita já estava em seus seios, acariciando-os. Ana estava quase cedendo, o prazer era imenso, mas se afastou novamente.

— Então seja digno dessa confiança. Eu não posso ficar com você aqui desse jeito, Lúcio. Você está tentando me seduzir, não é? – Ana deu uma risadinha sem graça.

— Pode ter certeza que estou! Eu estou apaixonado por você, já te disse isso antes. Estamos namorando há meses, já conheceu a minha mãe, eu conheço tudo da sua vida, ou pelo menos penso que conheço, que mal tem em ficarmos juntos? Você não sente desejo por mim, Ana?

— Não é questão de desejo. Eu só não me sinto preparada. E mais, sinto que estou traindo a confiança de Estela. Ela me deixou aqui para que eu cuidasse da casa e do pomar, não para transar com meu namorado no sofá da sala.

— Ok, já que não se sente confortável em ficar aqui comigo podemos ir a um hotel ou a um motel, mas me dê uma chance, por favor. E eu não quero transar com você, eu quero fazer amor com você. Não banalize esse momento.

— Eu sou menor de idade. Não vão me deixar entrar em um hotel ou motel com você. - Ana deu uma gargalhada profunda ao dizer isso.

— Vai começar a fazer piadas? Você já vai fazer 17 anos. Aposto que consigo passar você pela recepção de um hotel. A questão é querer ir.

— Lúcio, você sabe que sou virgem. Ainda não estou preparada. E não estou fazendo piada. Eu quero continuar namorando, te conhecendo, e aí, quando eu me sentir segura, você pode ter certeza de que vai ser o primeiro a saber.

— O que mais você precisa para se sentir segura? Estamos namorando há meses! – Ele falou com voz irritada.

— Mas isso é só um namoro, e ainda não me sinto preparada. E já que eu não posso corresponder às suas expectativas, talvez seja melhor terminarmos. Acho que não sou mesmo a mulher ideal para você nesse momento.

Lúcio sentiu como se tivesse batido com a cabeça. *Ela estava falando em terminar o namoro?* Ele se afastou imediatamente, virou-se e foi para o quarto. Colocou a camiseta e o tênis e em seguida voltou para a sala.

— Ana, eu pensei que o que tínhamos fosse importante para você como é para mim. Agora, por estarmos discordando pela primeira vez, já vem falar em rompimento? O que, afinal, eu sou para você?

— Quem está banalizando o assunto agora é você! Eu gosto muito de você, do contrário já não estaríamos mais juntos, mas eu não consigo corresponder às suas expectativas. Sexo é primordial para você, mas eu não consigo fazer isso agora, então fiquei sem saída, não é? O que eu posso fazer diante de um impasse desses a não ser terminar? – Ana falou e começou a ficar emocionada. Quando percebeu, já estava vertendo lágrimas. Foi incontrolável.

Lúcio foi até ela e a abraçou. Ela não resistiu ao abraço, estava muito cansada para isso. Ele se afastou e olhou no fundo dos olhos de Ana.

— Por que esse trauma todo de sexo? Se você gosta de mim e confia no que nós temos, o que te impede de se entregar a mim?

A cabeça de Ana estava a mil por hora. Ela não se sentia segura em relação a sexo primeiro porque Beatriz havia sido bem convincente ao passar anos da vida discursando a respeito das consequências desastrosas que poderiam surgir do ato de se entregar tão nova ao prazer e ao desejo, mas, acima de tudo, existia Tomás e o enorme amor que sentia por ele. Só que disso jamais falaria a Lúcio.

— Eu fui criada por uma mãe solteira que engravidou aos 15 anos de idade e foi abandonada. Eu cresci com um pouco de desconfiança dos homens, entende? Se você realmente se importar comigo, vai compreender isso e me esperar, do contrário, vamos ter que terminar sim!

Lúcio abraçou Ana mais uma vez e disse com uma voz que pareceu sincera:

— Eu vou esperar seu momento.

Depois daquilo ela enxugou as lágrimas e foi servir-lhe a sopa. Eles comeram juntos e Lúcio saiu para procurar uma pousada para pernoitar.

Lúcio estava furioso, não acreditava que a noite tinha terminado desse jeito. Ana não confiava nele e talvez demorasse até anos para se sentir segura e, enfim, entregar-se. E para piorar, ele tinha graves desconfianças de que o sentimento dela não era tão forte assim.

Ele pensava sem parar. Resolveu até voltar para Florianópolis. Iria dormir em casa, em seus lençóis de seda.

Já basta de frustração por hoje. Não vou para nenhuma espelunca a esta hora da noite. Por quanto tempo mais terei que ficar vindo para essa cidade, pegando estrada toda semana, adiando meus negócios, dormindo em pousadas e, pior de tudo, sem sexo? Será que gosto tanto assim dessa mulher? Ora, para o inferno com isso. Eu gosto sim, e gosto muito! Quanto mais ela me rejeita, mais eu a quero! Eu vou dar um jeito nisso, nem que eu tenha que me casar com ela! Se eu me casar resolvo todos esses problemas de uma vez só!

Lúcio concluiu que tinha chegado à solução perfeita.

Depois da noite horrorosa que havia tido com Lúcio, Ana estava atordoada e confusa. Amava Tomás, mas tinha perdido completamente as esperanças de ter qualquer relação com ele diferente de amizade, e por isso se recusava a abrir mão de Lúcio.

Ela gostava de Lúcio, sentia uma enorme atração e adorava seus beijos. Se não podia ter Tomás, poderia ser feliz ao lado de Lúcio, mas será que era justo com ele? Um homem como Lúcio não poder ter uma mulher por inteira? Ana estava se sentindo a pior pessoa da face da Terra e chorou até quase amanhecer.

Nos dias que se seguiram Lúcio não apareceu e nem ligou. Ana ficou preocupada e com o coração apertado, mas resolveu que não iria procurá-lo. Daria o espaço necessário para ele decidir o que seria melhor.

Ela passava as tardes todas no pomar e a noite dormia ao lado do telefone, mas as únicas pessoas que ligavam eram Estela e Tomás.

Um dia antes de Estela voltar, o telefone tocou cedo, era Tomás. Sempre que Ana ouvia sua voz seu coração disparava. Ele havia ligado apenas para saber se estava tudo bem com Ana e se ela precisava de algo. A conversa não durou nem três minutos, estava com a voz mais seca e distante do que nunca.

Depois que Ana desligou o telefone escutou chamarem à porta. Era Lúcio.

Ele segurava um buquê de rosas vermelhas na mão. Assim que Ana abriu a porta ele lhe entregou as rosas.

— Que bom que você apareceu. Eu estava morta de preocupação! – Ana disse, pegando o buquê com uma mão e com a outra puxando a cintura de Lúcio, beijando seus lábios levemente.

— Nossa, que recepção calorosa, minha querida!

— Você saiu daqui chateado aquele dia, eu sei! Pensei que pudesse ter decidido que seria melhor realmente se afastar definitivamente de mim.

Ana fechou a porta de casa e se dirigiu para a cozinha, pegou um vaso e colocou as rosas. Da cozinha mesmo percebeu que Lúcio segurava uma pequena caixa nas mãos.

— Ana, eu jamais me afastaria de você. E eu vou falar logo antes que perca a coragem.

Ela voltou da cozinha, sentou-se no sofá e disse com voz calorosa:

— Falar o quê, meu querido?

Estava certa de que Lúcio terminaria tudo. Talvez tivesse, enfim, concluído o óbvio: que ela não era a mulher certa para ele. Mas Ana não poderia estar mais enganada.

— Estamos juntos há algum tempo e nesse tempo eu percebi que adoro estar com você. Admiro sua juventude, sua força de vontade e sua inteligência, e a acho a mulher mais linda e sensual deste mundo. Por tudo isso eu vim aqui hoje porque quero muito que você aceite um pedido que tenho a fazer. Eu te amo e te quero para sempre ao meu lado!

Lúcio disse isso, puxou Ana do sofá, ajoelhou-se aos seus pés, tomou--lhe a mão direita e colocou um anel de brilhantes gigante em seu dedo.

— Ana, você aceita se casar comigo? Diga que sim e me torne o homem mais feliz deste mundo.

Ana sentiu os joelhos dobrarem, a boca secou e o coração parou de bater por alguns segundos. Lúcio a estava pedindo em casamento? Ana se afastou um pouco levantou a mão e apreciou a joia.

— Lúcio, você está doido? Como compra uma joia dessa? E ainda me pede em casamento?

— Estou doido sim. Doido de amor por você!

— Mas Lúcio, casar? Você está querendo casar só para ter sexo? Não acha isso meio ultrapassado não? – Ana riu de forma afobada.

— Por favor, não estrague este momento. Eu estou pedindo a sua mão em casamento não é só por causa do sexo. É porque cheguei à conclusão de que te amo e quero você para o resto da vida.

— Mas Lúcio, eu nem posso casar. Ainda não completei a maioridade.

— Tenho certeza de que Estela dará a autorização necessária. Podemos nos casar daqui a um mês, no seu aniversário de 17 anos.

— Eu não acredito no que estou ouvindo. Você está mesmo falando sério? Além de me pedir em casamento não quer nem ficar um tempo noivo, já quer passar direto para as núpcias? – Ela riu novamente.

— É isso mesmo. Eu não sou mais uma criança. Já sou um homem e quero construir uma família ao seu lado. Achei a mulher certa para mim, não tenho por que esperar mais nenhum segundo.

Ana achou que iria desmaiar e Lúcio sabia que havia dado um xeque-mate. Ela não o recusaria. *Casar com um homem como eu, o que mais uma mulher poderia querer na vida?* Ele tinha a mais plena convicção de que agora ela seria dele para sempre.

Lúcio se aproximou de Ana e a beijou ardentemente. Ela retribuiu o beijo e eles caíram um por cima do outro no sofá. Mas ele se controlou ao máximo e se levantou, deixando-a no sofá ainda ofegante.

— Agora vamos esperar o casamento – Lúcio falou.

Ana riu de modo desconcertante.

— Mas preciso aceitar o pedido, porque ainda não aceitei.

Lúcio sentiu que seu coração ia parar de bater.

— Então você precisa me dar a resposta, Ana.

— Eu estou muito emocionada, você está mesmo me dando uma prova de que me ama de verdade. Mas... Mas eu preciso pensar, preciso conversar com Estela, preciso colocar a cabeça no lugar. Por favor, me dê um tempo para pensar?

Lúcio não estava acreditando naquilo. Nem mesmo com um anel de brilhantes no dedo ela cedia. *Que mulher difícil é essa, Meu Deus!*

— Tudo bem. Eu vou embora agora e volto só quando você tiver uma resposta.

Ele virou as costas e saiu, sem olhar para trás. Ana se sentou no sofá e começou a rir e a chorar ao mesmo tempo.

Meu Deus, o que vou fazer agora? Aceitar o pedido de Lúcio é mudar minha vida totalmente e esquecer definitivamente Tomás. E se eu não aceitar o pedido certamente perderei Lúcio para sempre. O que eu vou fazer?

Ana correu para o telefone e ligou para Julia. Precisava conversar com alguém e de preferência que lhe dessem um conselho, e a amiga era a única que sabia dos sentimentos mais profundos de Ana.

Quando Ana contou a Julia sobre o pedido de casamento ela mal acreditou no que ouviu.

— Ana, mas isso é maravilhoso! Ele é um bom rapaz e, vamos ser sinceras, é rico como um rei, poderá lhe dar uma vida que você sequer sonhou que pudesse existir.

— Mas, Julia, se eu aceitar esse pedido não será pelo dinheiro dele. Eu não sou nenhuma miserável a procura de marido.

Julia riu do comentário de Ana.

— Eu sei, minha amiga, mas não podemos separar Lúcio do que ele tem. O pacote é completo. Ele vem com a fortuna, não adianta negar isso.

— Eu gosto de Lúcio e também sei que poderei ter uma vida feliz ao lado dele. Penso mesmo que sim, mas... você sabe dos sentimentos que tenho por Tomás. O que faço com isso?

— Até onde eu saiba Tomás nunca lhe deu nenhuma chance e nem esperança. Vai jogar o seu futuro fora por um homem que não quer nada com você. É isso mesmo?

— Sinceramente, eu não sei o que fazer.

— Ana, se você acha que o que sente por Tomás é tão forte assim, talvez esteja na hora de procurá-lo e dizer a verdade, olhando nos olhos dele, de forma direta. Se ele se negar a você, então vire as costas e vá cuidar da sua vida. Agarre o que o destino está colocando em suas mãos!

Ana sabia que a amiga teria o conselho certo a dar. Naquele dia decidiu que iria procurar Tomás e colocar as cartas na mesa: ou eles ficavam juntos ou ela seria de Lúcio e o destino estaria traçado para sempre.

No dia seguinte, Estela chegou de Porto Alegre. Mal entrou em casa, Ana já lhe mostrou o anel e contou do pedido de casamento. Estela ficou atordoada, mas, no final, abraçou Ana com força e a parabenizou.

— Tenho certeza de que Lúcio será capaz de fazer você feliz, minha filha!

— Mas, eu não aceitei o pedido ainda.

— Mesmo? Achei que você amasse Lúcio. Ele está sempre aqui, se mostra tão atencioso e ama você. Até nos levou para conhecer a mãe. Pensei que você tivesse certeza dos sentimentos seus e dele.

— Sim, eu gosto muito dele, e, claro, Lúcio já me deu provas de que tem sentimentos verdadeiros, mas eu tenho dúvidas, sou muito nova, será que está na hora certa? Você me autorizaria a casar?

— Se você me disser que o ama eu dou toda a minha benção. Ele é um bom rapaz, vem de uma família conhecida, tradicional, eu não vejo problema algum em abençoar essa união. Além do mais, vocês estão namorando há alguns meses, ele é mais velho do que você e sei que tem expectativas. Prefiro você casada e segura, mas a decisão é toda sua, meu amor!

— Ah, Estela, eu estou indecisa. Preciso pensar. Mas agradeço essa sua compreensão e apoio.

Elas se abraçaram por um longo tempo e Ana chegou a chorar de forma contida.

Naquela noite, Estela mal conseguiu pegar no sono, e logo que amanheceu, nas primeiras horas do dia, foi até o quarto de Ana, mas ela já havia saído.

Onde será que Ana foi tão cedo?

Estela havia acordado naquele horário porque queria falar com Tomás e não podia correr o risco de ele ir para a marcenaria, o que o impediria de atender a ligação. O telefone tocou duas vezes e ele atendeu.

— Tomás, meu filho, bom dia!

— Oi, Estela, tudo bem? Já chegou?

— Cheguei sim, meu querido, ontem à tarde.

— Aconteceu alguma coisa, você ligando tão cedo?

— Ah querido, me desculpe, é que eu não podia correr o risco de não te pegar em casa, por isso estou ligando nesse horário. Algo surpreendente aconteceu e preciso de sua ajuda. Lúcio pediu Ana em casamento, mas ela não aceitou ainda. Está confusa e indecisa, mas tenho certeza de que há de te procurar para se aconselhar. Você foi muito presente na vida dela e de Beatriz nos últimos anos. Por favor, meu filho, aconselhe Ana a aceitar esse pedido. Tenho certeza de que Lúcio a ama e poderá proporcionar uma vida que ela jamais terá se ficar aqui.

Tomás se sentiu atordoado com a ligação, chegou a puxar uma cadeira e se sentar.

— Mas Estela, você tem certeza disso? Não acha que Ana é muito jovem para se casar? Além do mais, ela precisa amá-lo para isso.

— Ela é jovem sim, mas eles estão namorando há algum tempo, e homens dessa idade têm certas expectativas. Você sabe, é da mesma idade dele. Se ele a pediu em casamento é porque a ama mesmo e ela deve amá-lo também, porque, senão, qual motivo teria para namorá-lo há tanto tempo? Meu filho, Ana é uma órfã criada por uma velha professora. Ela tem uma chácara com um pomar que não lhe rende praticamente nada. Lúcio é um homem trabalhador, de uma boa família, é muito rico, não vejo como Ana ter um futuro melhor aqui do que com ele. E sei que Beatriz aprovaria essa união. Essa é a maior chance da vida de Ana. Ela será feliz, tenho certeza!

— Sendo assim, Estela, só tenho que torcer para que Ana o ame realmente e que seja feliz. Não sei se ela irá me pedir alguma opinião a respeito, mas se eu tiver a oportunidade irei incentivar essa união.

— Ah, meu filho, eu sabia que podia contar com você. Tenha certeza que não há nada melhor para Ana do que Lúcio.

Tomás desligou o telefone sentindo uma tristeza profunda. Ele não sabia explicar o porquê daquele sentimento, mas era algo incontrolável. Estela estava certa, não havia nada melhor nesse mundo do que Lúcio para Ana, e o desejo de Beatriz estaria se realizando naquele matrimônio.

Antes que Tomás se levantasse da cadeira, escutou a maçaneta da porta girando e alguém entrou batendo palma, perguntando se tinha gente em casa. Era Ana.

— Ó de casa? Tem alguém aqui?

Quando Ana entrou na cozinha se deparou com Tomás sentado numa cadeira ao lado do telefone. Ele estava com os olhos mais tristes do que o de costume.

— Ana, o que faz aqui?

— Oi, Tomás. Vim te ver, obviamente. E antes que me pergunte como cheguei aqui já te conto: vim de carona com Julia, ok? – Ela deu um sorriso discreto.

Tomás se levantou da cadeira e foi até ela, estendeu-lhe a mão de longe para um cumprimento seco e formal.

— Bom te ver, Ana. Eu não tomei café ainda. Estou coando agora. E fiz um pão ontem, ainda está gostoso. Você me acompanha?

— Ah, sim, acompanho. Eu também não tomei café. Saí antes de o sol raiar.

Ana retirou o sobretudo, o cachecol, as luvas e o gorro, voltou para a sala e deixou tudo em cima do sofá. Ela estava com um vestido curto de alça e uma meia calça fina transparente, e usava botas sem salto.

Ficou só de vestido, mas não estava sentindo frio, primeiro porque o aquecedor estava ligado no máximo e, segundo, porque estava suando com a possibilidade de abrir seu coração a Tomás.

— Ana, está gelada esta manhã. O que te trouxe aqui tão cedo e em um clima desses?

— Me dá um café primeiro? Preciso de cafeína!

Ele puxou uma cadeira da mesa da cozinha e a convidou para se sentar.

Tomás terminou de coar o café, tirou o pão do forno, pois havia colocado para esquentar, e serviu Ana. Os dois comeram em silêncio, então ele mesmo entrou no assunto.

— Estela me ligou contando do pedido de casamento de Lúcio. Ela está muito feliz com a possibilidade de você se tornar uma mulher casada.

Ana sentiu seu coração sair pela boca.

— Sim, ela aprova minha união com Lúcio. Mas eu vim até aqui para saber o que você acha disso. Tem alguma opinião a respeito?

— Se você o ama realmente e acredita que ele poderá ser um bom marido, penso como Estela, será uma união feliz. – Ele se levantou, recolheu as xícaras e virou de costas para Ana, levando tudo para a pia.

— Você acha que eu amo o Lúcio, Tomás? – Ana disse alto, porque ele estava de costas. Ele continuou virado para a pia, mas respondeu:

— Sim, penso que ama, já que o está namorando há alguns meses.

— Por que isso, Tomás? Por que você me tortura tanto? Por que não facilita as coisas para mim?

Tomás se virou e voltou à mesa, sentou-se na cadeira, olhando para Ana.

— Eu não estou entendendo do que está falando. O que quer que eu facilite para você?

— Eu te disse com todas as letras aquele dia lá em casa. Eu... Eu amo você! Não acho que tenha como amar duas pessoas ao mesmo tempo.

Pronto! Ana havia sido direta, sem margens para qualquer dúvida. Agora a sorte estava lançada e o seu coração batia tão rápido que achou que morreria na frente dele, ali, naquele instante.

Tomás não sabia o que fazer nem o que dizer. Levantou-se da cadeira, passou as mãos pelos cabelos lisos e cheios e olhou novamente para Ana.

— Do que você está falando? Você me ama sim, mas como um amigo. Nos conhecemos há muito tempo, namorei a pessoa que você mais amou na vida, participei de boa parte da sua infância, esse é o amor que sente por mim. Não misture as coisas, por favor!

Ela se levantou por impulso e foi até ele, segurou em suas mãos quase em posição de súplica e continuou a falar:

— Eu sei muito bem o que sinto, e amo você sim! Não como a um amigo. Amo como um homem. O que você viveu com minha mãe não influencia em nada o sentimento que tenho por você. Eu te amo! Não estou confundindo nada.

Tomás se desvencilhou de Ana, virou de costas novamente e prosseguiu.

— Ana, por favor, eu insisto que está confundindo tudo.

Ela começou a alterar a voz.

— Se você não me ama fale de uma vez, mas pare de tripudiar sobre meus sentimentos e de me tratar como se eu fosse uma louca ou uma criança que não sabe interpretar os próprios sentimentos. Chega! Eu não aceito mais isso!

— Ana, eu amo você sim, mas como a filha de Beatriz. Eu te olho e ainda vejo aquela mesma menina de 10 anos atrevida e impertinente, mas com um coração enorme.

— 10 anos? Tomás, eu sou uma mulher. Muitos homens me desejam, fui pedida em casamento, e você vem me chamar de criança?

Tomás não pôde acreditar no que Ana fez em seguida. Ela estava realmente desesperada e agiu de forma impulsiva, como sempre.

Quando Tomás se virou, Ana havia soltado as alças do vestido e ficado praticamente nua na sua frente, e falou com sofrimento:

— Olhe para mim. Eu sou uma mulher! Eu não sou uma criança, sou uma mulher que te ama e te deseja!

Quando Tomás viu aquilo ficou imóvel.

Oh, céus, ao menos está de calcinha e meia-calça e não nua em pelo. Meu Deus, por favor, me dê forças para suportar uma tentação dessas e fazer o que é certo! Como ela é linda!

— Ana, pelo amor de Deus! O que você está fazendo?

Tomás não sabia como agir. Cogitou ir até Ana e ele mesmo subir o vestido e ajustar as alças, mas temeu que se chegasse próximo a ela não suportaria a tentação e a tomaria ali mesmo, naquele instante.

Então se virou, foi ao armário, pegou uma manta e jogou-a por cima dos ombros de Ana, mantendo uma distância confiável. A manta cobriu-lhe a nudez.

— Se você não é mais uma criança, faça o favor de se recompor, vestindo sua roupa. E depois venha até a sala para conversarmos como dois adultos.

As palavras de Tomás atingiram o coração de Ana como uma bala. Nesse instante, ela sentiu que algo havia morrido. Estava, literalmente, nua na frente dele, tinha despido todo seu amor, todo seu sentimento, e ele a desprezara.

Ela colocou o vestido no lugar e o seguiu até a sala, mas dali em diante nada mais do que ele falasse teria importância.

— Ana, eu sei que você é uma mulher linda! Mas você é filha de Beatriz e eu te vi crescer, não há possibilidade de termos nada além do que já temos, que é uma amizade profunda e sincera, ao menos da minha parte. Eu não posso ter um envolvimento amoroso com a filha da minha namorada. Será que você não consegue entender isso?

— Minha mãe morreu! - Ana falou quase chorando e como um último suspiro.

— Não para mim! No meu coração ela está viva e você é filha dela!

Tomás havia colocado uma pá de cal nos sentimentos de Ana. Ela se virou de costas, ele fez menção em tocar nos seus ombros, mas recuou, achou que não seria apropriado diante da situação constrangedora.

— Tomás, eu entendo sim! Quero ir embora agora, só que a minha carona já partiu tem tempo. Pode ter certeza de que em outras condições iria a pé, mas não quero morrer de hipotermia na estrada. Então peço que encerremos esse assunto e que me leve para casa. É possível?

— Podemos conversar mais um pouco, eu... Antes que Tomás completasse a frase, Ana o interrompeu com veemência.

— Não! Eu não quero falar mais nada e muito menos ouvir! Quero ir embora agora! Você me leva ou eu vou a pé?

Tomás se virou, pegou as chaves e esperou que Ana saísse. Ela foi direto para a caminhonete e os dois entraram juntos. No caminho, não conversaram, mas quando estavam quase saindo da estrada de chão, Ana colocou as mãos sobre o rosto e começou a chorar baixinho.

Tomás achou que fosse morrer nesse momento. A vontade que teve foi de parar e abraçar Ana, mas se fizesse isso não teria forças para resistir a ela.

Ele estava decidido a cumprir a promessa que havia feito a Beatriz. Ajudaria Ana a ter uma vida de melhores oportunidades longe dali. Estava convicto de que não tinha nada a oferecer a ela além de uma vida restrita a trabalho e, no final das contas, uma vida de culpa por terem se envolvido mesmo depois de ele ter namorado a mãe dela.

Diante dessa decisão respirou fundo, conteve a dor e prosseguiu no caminho sem falar uma só palavra.

Ela desceu da caminhonete sem lhe dirigir o olhar. Tomás sentiu um buraco no peito, um vazio nunca sentido antes. Mas ele estava certo de que não podia se envolver com a filha de Beatriz. E estava convicto de que Lúcio tinha muito mais a oferecer do que ele, que era um simples marceneiro, terrivelmente sozinho, dono de uma propriedade rural com dívidas e sem valor algum.

Então, disse baixinho, só para ele mesmo ouvir:

— Me perdoe, Ana. Espero que você seja feliz em sua nova vida.

Naquele mesmo dia, ela aceitou o pedido de Lúcio, e o fez com todo amor e com a certeza de que deixaria o passado para trás. Eles iriam se casar em Florianópolis. Lúcio se dispôs a pagar a hospedagem e o transporte de todos os convidados de Ana.

Estela deu a autorização para o casamento por conta da idade de Ana, e a mãe de Lúcio organizou uma recepção cheia de requinte, mas para poucos convidados.

Os irmãos de Lúcio vieram para o casamento, mas o pai se recusou a vir, não tinha como deixar Nova York naqueles dias. E também havia ficado contrariadíssimo com a decisão do filho de se casar com uma jovem órfã, pobre e agricultora.

No dia da cerimônia Tomás inventou um trabalho fora do estado e mandou apenas um pedido de desculpas à Estela, avisando que por isso não iria comparecer. Ela não compreendeu a atitude dele, mas não quis aprofundar o assunto. Estava extremamente feliz com o casamento de Ana e somente isso importava.

Após a recepção, Lúcio e Ana seguiram para o hotel mais caro da cidade, ficaram na melhor suíte e no dia seguinte partiriam para a lua de mel em Paris e fariam um tour pela França.

Quando entraram na suíte, Ana ficou impressionada com o tamanho e a beleza do lugar.

— Lúcio, o que é isso? Um palácio? Que lugar mais lindo, meu Deus!

— Mesmo, minha querida? Você achou isso tudo? Eu não sei te dizer, porque para mim linda aqui é só minha esposa. Lúcio se aproximou de Ana e a beijou ardentemente.

— Espera! Vou tirar esse vestido, pode ser? Você precisa ver a camisola que sua mãe me ajudou a escolher.

— Prefiro sem camisola, mas, tudo bem, o que são mais alguns minutos. – Ele deu um sorriso malicioso.

Ana colocou uma camisola longa de seda branca que valorizava ainda mais as suas curvas. Lúcio estava parado ao lado da cama somente com um short de pijama. Ele mal esperou que Ana se aproximasse, puxou-a para junto de seu corpo e começou a beijá-la intensamente.

Ele a deitou na cama e tirou sua camisola pela cabeça. Ela colocou as mãos no short e o puxou para baixo.

Lúcio beijou Ana da cabeça aos pés, parando nos seios, sugando-os, e então lhe abriu as coxas, deitou-se sobre ela e a penetrou com um pouco de dificuldade, mas com delicadeza. Ela era úmida e apertada. Ele gemeu de tanto prazer e ela gritou por uma dor intensa, mas em seguida relaxou.

Lúcio deu algumas estocadas e antes que ela pudesse sentir qualquer prazer, ele se esvaziou dentro dela, soltando um gemido e falando seu nome:

— Ah, Ana!

Ele estava extasiado, sentiu que havia se preocupado somente com o próprio prazer, mas não se importou com isso. *Eu casei com ela, mereço me saciar.* Ele deu um beijo na testa de Ana e falou:

— Minha querida, você é ainda mais deliciosa do que eu imaginava.

Ana estava se sentindo dolorida, então se levantou e foi ao banheiro, tomou um banho rápido, lavando as partes íntimas, e sentiu uma pontada de frustração. Acreditava que o sexo seria bem mais prazeroso que aquilo, mas concluiu que a primeira vez não deveria mesmo ser grande coisa.

Voltou para a cama com vontade de fazer novamente, esperando que a próxima fosse melhor. Quando chegou, Lúcio já havia adormecido.

Terei que esperar amanhã! – Ela riu do próprio pensamento.

Ana se casou com Lúcio poucos meses depois de ter completado 17 anos. No dia seguinte foi para Paris e desse dia em diante sua vida mudou completamente.

PARTE 4

GANHANDO O MUNDO

Ana e Lúcio chegaram a Paris ainda durante o dia. Ana achou a viagem cansativa, mas estava extremamente excitada com a novidade, nunca havia sequer viajado de avião e a primeira viagem, além de ter sido em primeira classe, já seria para a Cidade Luz!

O hotel escolhido por Lúcio tinha vista para a Torre *Eiffel*. O quarto era menor do que o do hotel de Florianópolis, mas o luxo era ainda maior. Ana estava deslumbrada com a decoração e os lençóis macios.

Naquele mesmo dia, depois de descansarem um pouco, voltaram a fazer amor. Dessa vez Lúcio não estava tão afoito e o sexo foi mais prazeroso. Tomaram um banho juntos e desceram para o jantar.

Ana já havia ouvido falar que a culinária francesa era a melhor do mundo, mas nada que a pudesse preparar para tamanha sofisticação e explosão de sabores.

Deliciaram-se com uma entrada de *foie gras* e como prato principal *Coq au vin*. A sobremesa era algo com licor de gengibre, mas até o nome era sofisticado. Ana sequer conseguiu pronunciar.

Já Lúcio falava bem o francês, para ele não existia qualquer barreira de comunicação. Ana começou a perceber que o marido era um homem extremamente sofisticado e instruído.

Passaram dez dias em Paris, conheceram diversos museus: Louvre, Orsay, Picasso, dentre vários outros. Lúcio contratou um guia que falava português para que Ana pudesse apreciar os passeios.

No Louvre, Ana ficou impressionada com a multidão de visitantes. Cada corredor e sala contavam com centenas de pessoas. O museu era enorme, impossível de se visitar em um dia só, por isso fizeram a visitação em dois dias separados. O guia contratado por Lúcio explicava a história de cada obra de arte e Ana ficou impressionada quando pararam para observar a obra mais importante do museu: o quadro de Mona Lisa, de Leonardo da Vinci. Ana ficou um pouco decepcionada, já que guardava a ilusão de que se tratava de uma pintura enorme, e constatou, no entanto, que era um quadro com apenas 77 cm x 53 cm de dimensões. Ela riu sozinha de sua própria ignorância.

Foram à catedral de Notre-Dame. Ana ficou atordoada com a arquitetura gótica do local e suas pernas doeram ao subir os mais de trezentos e cinquenta degraus da torre, o que foi compensado pela belíssima vista que se tem da cidade de Paris quando se chega ao topo da construção religiosa.

Viajaram também até a cidade de Versalhes, que fica a poucos quilômetros de Paris. Ela ficou extasiada com os belos jardins do palácio de Versalhes.

Cada refeição, museu, teatro, tudo, absolutamente tudo, encantava Ana. Os dias em Paris haviam sido espetaculares.

Depois de Paris seguiram para a Costa Azul, Riviera Francesa. Conheceram as cidades de Nice, Saint Tropez e Cannes, e Lúcio explicou a Ana que era em Cannes que ocorria um dos festivais mais importantes do cinema mundial. Ela constatou que jamais havia visto tanta beleza e luxo nem mesmo em revistas.

Ana ficou intrigada quando passearam pelas praias de Nice e notou que muitas mulheres tomavam sol de *topless*. Aquilo, para ela, foi estarrecedor.

Após passarem alguns dias percorrendo aquelas belas cidades, hospedaram-se no Principado de Mônaco, e ela percebeu que aquele lugar era sinônimo de riqueza e ostentação. Contou ao menos onze *Ferraris* estacionadas nas proximidades do casino de Monte Carlo.

Tudo aquilo era um mundo completamente estranho e desconhecido para Ana, mas era, definitivamente, atraente.

Durante os trinta dias que passaram viajando, Ana começou a perceber alguns traços da personalidade de Lúcio.

Ele era um homem aficionado pela perfeição. O hotel tinha que ser o melhor, a comida a mais saborosa, o atendimento o mais exclusivo, nada podia sair do controle de Lúcio ou desagradá-lo. O "mundo" estava ali para servi-lo.

Durante a lua de mel ele demonstrava estar cada vez mais envolvido, compartilhava tudo com Ana e não havia uma noite sequer que não faziam amor. Lúcio estava inebriado de paixão.

Quando voltaram ao Brasil foram direto para o apartamento que Lúcio tinha em Florianópolis, mas lá ficaram pouco tempo. Lúcio já havia convencido Ana de que a vida deles teria que ser construída em São Paulo, devido aos negócios.

Lúcio havia comprado uma mansão no Morumbi, um dos bairros mais nobres da cidade. O local tinha dois mil metros de área, sendo que a metade dela era destinada a um jardim onde havia uma piscina com cascata, quadra de tênis e sauna. A casa era térrea com seis quartos, sendo todos suítes. A propriedade já estava totalmente mobiliada.

Ana ficou atônita com a grandiosidade do lugar. Ela sabia que Lúcio vinha de uma família riquíssima, mas não pensou que chegasse aquele ponto. No entanto, ficou um pouco chateada e frustrada, pois guardava a ridícula ilusão de que iria escolher e decorar a própria casa.

Nos meses que se seguiram, Ana se matriculou em um cursinho para se preparar para o vestibular e Lúcio contratou uma professora de inglês, que lhe dava aulas diárias. Além de inglês ela ainda praticava ginástica três vezes na semana em sua própria academia particular, acompanhada por um *personal trainer*, e ainda tinha aulas de ioga aos sábados.

Lúcio viajava bastante a negócios e Ana permanecia na casa sobrecarregada com suas atividades. Tinham diversos funcionários, mas Lúcio havia contratado uma governanta para cuidar da administração do lugar. Às vezes, Ana se sentia como se vivesse em um hotel.

No dia do aniversário de 18 anos de Ana, Lúcio organizou uma recepção e convidou seus próprios amigos. Ela ficou perdida durante o evento, sentia-se um peixe fora d'água, nenhum dos assuntos a interessava e sentia uma enorme falta de Estela.

Ana a havia convidado para ir a São Paulo para a ocasião, mas Estela estava trabalhando e explicou que deixaria para ir quando pudesse passar mais dias.

No momento do brinde, Lúcio serviu uma taça de champanhe e a entregou a Ana, dizendo em voz alta:

— Um brinde à minha querida Ana que, enfim, poderá beber!

Ele disse isso de forma jocosa e, em seguida, caiu na risada, acompanhado por todos os demais convidados. Ana achou o comentário desnecessário e preferiu não acompanhá-lo na bebida.

A vida em São Paulo era completamente diferente da vida que Ana tinha no interior catarinense. Quando Lúcio estava em São Paulo sempre almoçavam em restaurantes de luxo e em casa ela não fazia qualquer trabalho doméstico.

Lúcio fazia questão que Ana ficasse focada apenas em estudar, aprender novas línguas, e a havia matriculado em um curso de etiqueta. Ela chegou a questioná-lo se estaria querendo transformá-la em outra pessoa, mas Lúcio respondeu com seu jeito charmoso e agora sabidamente dominador:

— Você é maravilhosa, minha querida, mas, certamente, pode ficar ainda melhor!

Quando Ana concluiu o cursinho e já estava na época de prestar o vestibular decidiu conversar com Lúcio sobre o curso que havia escolhido. Os olhos dela até brilharam ao falar do curso de Letras. Contou que adorava ver Estela dando aulas e que aquilo, certamente, a havia influenciado.

Lúcio ouviu calado o relato de Ana, mas, ao final, com uma cara de desdenho, argumentou que existiam diversos cursos bem mais interessantes e promissores do que Letras, e prosseguiu tentando convencê-la a cursar Direito ou Medicina.

Ana continuou defendendo a importância e exaltando a beleza da arte de ensinar – "Fazer a diferença na construção do ser humano", ela disse, mas isso, para Lúcio, eram palavras jogadas ao vento. Depois de discutirem por horas, Lúcio acabou convencendo Ana a prestar o vestibular para Direito.

***

E o tempo, como a vida, passou rapidamente, e Ana já estava prestes a se formar em Direito. Àquela altura estava completamente adaptada a São Paulo, havia feito vários amigos e nunca mais retornou a sua cidade natal.

Estela a visitava nas férias de julho. Normalmente, ficava lá por até quinze dias, e também tentava ir às festas de final de ano.

Ana já havia concluído o curso de inglês e iniciado um curso de espanhol. Naquele ano faria seis anos de casada com Lúcio. Durante esse tempo eles nunca conversaram sobre filhos. Ana ainda era muito jovem e Lúcio chegava a passar três meses seguidos fora a trabalho, a vida dele era correr atrás de mais dinheiro e a dela era de se esforçar para estar à altura dele.

Alguns dias após a formatura de Ana, Lúcio comunicou que teriam que se mudar por um tempo para os EUA, pois havia comprado, em parceria com uma empresa americana, uma grande fazenda de produção leiteira que ficava no estado de Nova York. Ele deveria ficar lá para acompanhar os trabalhos iniciais e isso demandaria muitos meses, talvez até anos, e queria Ana ao seu lado.

Ana não queria se mudar para os EUA. Já havia viajado para lá algumas vezes e ficavam sempre na casa do pai de Lúcio, na cidade de Nova York, e ela não combinava com ele, as temporadas lá eram sempre um suplício. Carlos Venâncio era um homem arrogante e preconceituoso, para ele Ana nunca deixaria de ser uma pobre agricultora.

Ana tentou convencer Lúcio de que ele poderia ir e voltar ao Brasil, não havendo a necessidade de se mudarem em definitivo, mas Lúcio, nos últimos tempos, estava se sentindo sozinho e culpado.

Ele havia passado sessenta dias na Argentina a trabalho, Ana estava ocupada com os últimos projetos da faculdade e não pôde acompanhá-lo. Nessa viagem, Lúcio cedeu à tentação e teve um caso extraconjugal. Foi algo passageiro, para ele sem qualquer importância. Lúcio era mestre em diferenciar sexo de amor, mas desde que se aventurara naquela incursão extraconjugal a culpa o consumia, apesar de que a aplacava ao aplicar sua antiga teoria de que: *o que fazia era só sexo, sentimento mesmo só tinha por Ana.*

De qualquer modo, agora a culpa o assombrava e desse dia em diante ele decidiu que Ana o acompanharia sempre, não queria correr o risco de perder o que havia construído com Ana. Ele a amava, mesmo depois de anos ela ainda o encantava, seu corpo o excitava como mulher alguma. Além do mais, era belíssima, e ao longo dos anos havia se tornado uma mulher viajada, estudada e sofisticada. Lúcio não queria colocar seu casamento em risco.

Na noite em que Lúcio comunicou da necessidade da mudança eles tiveram uma discussão calorosa. Ana não tinha grande paixão pelo Direito, mas desde a formatura havia jurado que iria trabalhar na área. Estava decidida a ganhar o próprio dinheiro. Andava se sentindo uma inútil e tinha certeza de que o trabalho daria um novo ânimo a sua vida. Argumentou com Lúcio que trabalhava desde criança, que havia parado tudo para estudar e se aperfeiçoar, mas o tempo de estudo havia acabado, queria voltar a colocar a mão na massa.

Após horas de discussão, Lúcio admitiu ter perdido a batalha, então teve a grande ideia:

— Ana, você pode chegar aos EUA, tentar um mestrado na área do Direito e, nesse meio prazo, já começar a trabalhar no departamento jurídico da seguradora. Você se lembra de que papai tem uma grande seguradora em Nova York, não é?

— Não acho que seu pai vá aceitar que eu trabalhe na seguradora. Pelo jeito como me trata, aposto que ele pensa que eu sequer sei conversar, quanto mais trabalhar no departamento jurídico.

— Ana, certamente ele há de concordar. A oportunidade você terá, mas para permanecer no trabalho terá que demonstrar capacidade. Aí vai depender só de você.

Lúcio havia conseguido instigar Ana, ela se sentiu desafiada. Naquela mesma noite eles acertaram que se mudariam para os EUA.

Antes da mudança Estela foi visitar Ana. Provavelmente, passariam muito tempo sem se encontrarem. Ana estava indo com a perspectiva de trabalho, não poderia ficar vindo ao Brasil a qualquer hora e Estela jamais entraria em um avião.

Sempre que Estela vinha a São Paulo ela trazia notícias da cidade e dos amigos que Ana havia deixado. Ana nunca admitiu se desfazer da chácara de Beatriz, que era dela por herança. Estela cuidava da propriedade.

Estela não havia conseguido manter o pomar. Na área brotou capim, que ela cuidava apenas de manter aparado. O turismo na região crescia a cada dia e Estela passou a alugar a chácara de Ana durante o inverno e aos finais de semana. O dinheiro arrecadado era revertido para a manutenção do local.

Naquela visita Estela tinha notícias importantes que não quis adiantar por telefone, já que a veria pessoalmente. Ela contou que Julia estava grávida do segundo filho e que naquela semana havia perdido a mãe, Dona Maria, que teve um aneurisma rompido abruptamente.

Ana ficou extremamente compadecida do sofrimento da amiga, mas a notícia que mais a abalou foi referente a Tomás.

Ana não gostava de falar em Tomás e quando Estela eventualmente mencionava o nome dele, ela sempre arrumava um jeito de disfarçar e mudar de assunto. Desde o fatídico dia no sítio havia jurado que não falaria o nome dele e jamais pensaria em seus olhos azuis, ou mesmo se permitiria sentir saudade.

Mas naquele dia Estela lhe relatou que Tomás teria um filho com Carolina. Ana já sabia que eles haviam se envolvido, mas até então não tinham assumido um compromisso sério. Agora, com a gravidez, haviam decidido morar juntos e Carolina iria se mudar para o sítio de Tomás.

Por mais que Ana tentasse resistir e negar que a notícia havia a abalado, sentia um vazio enorme, era como se aquela vida tivesse que ser dela.

Quem deveria estar indo morar no sítio e ter um filho de Tomás era eu e não Carolina.

Aquele pensamento lhe provocou arrepios, então fez o que já havia se acostumado a fazer nos últimos anos: mudou de assunto, afastou as lembranças e prosseguiu com a própria vida.

Ana exigiu que Lúcio arrumasse um imóvel em Nova York para morarem sozinhos, não admitiu ficar na casa de Carlos, pai de Lúcio.

Ele comprou um apartamento que tinha um bom tamanho, mas era infinitamente menor do que a casa de São Paulo, e lá não tinha aquela legião de empregados, havia apenas uma funcionária que dava conta da limpeza e da cozinha.

Ana estava supreendentemente feliz por conseguir ter nos EUA uma vida mais simples do que a que tinha em São Paulo. Nos EUA, pela primeira vez, sentiu que era dona de sua própria casa e, agora, de seu destino.

Logo que chegaram Ana foi trabalhar na seguradora, mas demorou um ano para conseguir entrar no curso de mestrado. Naquele ano Lúcio passou muito tempo na fazenda que havia adquirido, mas ainda assim estavam mais próximos do que quando estavam no Brasil e ele viajava sempre, chegando a passar meses fora de casa.

Ana se dedicava bastante ao trabalho na seguradora e quando, enfim, conseguiu entrar para o curso de mestrado, o seu tempo ficou totalmente comprometido. Estudar em outra língua era extenuante, mas nunca havia se sentido tão capaz.

O curso demorou dois anos. Nesse tempo Lúcio já havia colocado a fazenda leiteira em pleno funcionamento e voltou a viajar ao Brasil para cuidar dos negócios no país.

Do escritório de São Paulo, Lúcio administrava as fazendas que tinha no Paraná e no Mato Grosso e que eram grandes produtoras de soja, e ainda possuía fazendas de produção leiteira em São Paulo e Santa Catarina, além da propriedade que tinha na Argentina.

A fazenda que havia adquirido na serra catarinense visando à produção de maçãs em larga escala não dera o lucro esperado e ele se desfez dela alguns anos depois, concluindo que a fruticultura não era seu ramo.

Enquanto seu pai e irmãos cuidavam das seguradoras de São Paulo e Nova York, Lúcio administrava a fortuna que vinha do agronegócio.

Lúcio e Ana já estavam morando há cinco anos nos EUA e devido à agenda atribulada Ana havia conseguido voltar ao Brasil apenas quatro vezes, e nessas oportunidades Estela a visitara em São Paulo.

Nesses cinco anos, Ana concluiu o mestrado e acabou deixando a seguradora. Já não via sentido no trabalho que fazia por lá. Passou a dar assistência jurídica gratuita a imigrantes brasileiros. Ana não precisava do dinheiro que ganhava na seguradora e o trabalho assistencial era infinitamente mais enobrecedor. Lúcio a criticava sempre por esse trabalho, mas depois de onze anos de casados, ela já havia ficado imune às interferências desmedidas de Lúcio em suas próprias escolhas.

No aniversário de onze anos de casados, Lúcio convidou Ana para voltar a Paris para refazer o passeio da lua de mel. Ana estava atribulada de serviço, mas resolveu aceitar o convite. Nos últimos tempos ela e Lúcio estavam cada vez mais distantes. Ele havia voltado a viajar e passava mais tempo cuidando dos negócios no Brasil. Aquele passeio poderia dar um novo ânimo à relação.

Paris estava, como sempre, maravilhosa. De manhã, Ana e Lúcio tomavam café em suas charmosas cafeterias e faziam passeios vespertinos de bicicleta, margeando o belíssimo Rio Sena.

Dessa vez as visitas aos museus foram bem mais proveitosas. Ana já não era mais aquela jovem com pouco estudo. Era uma mulher culta, que falava várias línguas, inclusive francês. Depois que terminou o curso de espanhol havia iniciado um curso de francês e já estava bem adiantada na língua.

Passaram quinze dias em Paris, e naqueles dias voltaram a fazer amor. O sexo com Lúcio era satisfatório, mas Ana sempre ficava com a sensação de que poderia ter mais prazer. No entanto, Lúcio era um homem tão convencido de sua própria perfeição que Ana jamais abordava o assunto.

De qualquer maneira, aqueles dias que passaram compartilhando uma maior intimidade fez despertar em Ana um antigo desejo, o de ser mãe. Ela já tinha 28 anos e seu relógio biológico estava apitando havia algum tempo.

Quando Ana abordou o assunto com Lúcio ele argumentou que não poderiam criar um filho em um "aeroporto", seria necessário que voltassem a morar no Brasil. Os negócios dele nos EUA eram importantes, mas o volume de negócios no Brasil era infinitamente maior e ele precisava passar a maior parte do tempo no país.

Já Ana não podia voltar naquele momento. Como tinha o trabalho voluntário de auxílio jurídico aos imigrantes brasileiros, não podia abandonar seus processos de uma hora para a outra. Com isso haviam chegado a um impasse.

Para formarem uma família teriam que estar mais próximos, porém, pelos negócios, Lúcio precisava ficar a maior parte do ano no Brasil, e Ana estava totalmente comprometida com seu trabalho nos EUA, então o sonho da maternidade teve que ser adiado. Mas ela estava decidida que não seria adiado por muito mais tempo.

Quando retornaram da França, Lúcio seguiu direto para o Brasil e Ana ficou em Nova York.

Nos dois anos seguintes Ana conseguiu uma pessoa para assumir seu lugar no trabalho com os imigrantes e aos poucos conseguiu passar todos os seus processos. No mês que completaria 30 anos de idade, ela começou a organizar seu retorno ao Brasil.

***

A casa de São Paulo estava exatamente como havia deixado sete anos antes, inclusive com a legião de empregados. Ana demorou alguns dias para colocar as coisas no lugar e se readaptar à rotina, mas assim que deixou tudo em ordem começou a pôr em prática seu projeto de ser mãe.

Ela já havia suspendido o uso do anticoncepcional há três meses e tinha combinado com Lúcio que ele passaria mais tempo em casa.

Naquele tempo, Ana e Lúcio faziam sexo com mais frequência. Lúcio achava tudo monótono e mecanizado e Ana só mirava em um único objetivo: a maternidade. Para ela, o sexo em si não fazia a menor diferença.

Cada ciclo menstrual atrasado era uma esperança que se renovava, mas depois vinha a frustração. Ana estava cada dia mais deprimida e depois de um ano e meio tentando engravidar naturalmente resolveu procurar um especialista em reprodução assistida.

Lúcio se negava a fazer exames para detectar eventuais problemas. Ele repetia sempre que aos 20 anos de idade havia engravidado uma namorada e que só não havia se tornado pai porque a moça teria perdido o bebê ainda no primeiro trimestre de gestação, então insistia em dizer que se houvesse realmente algum problema, seria de Ana.

Ela começou uma peregrinação a médicos e depois de alguns dias e após diversos exames foi detectado um problema de ovulação. Diante disso, Ana passou a tomar medicamentos para estimular os ovários e induzir a ovulação, e as relações sexuais passaram a ter hora e dia marcado.

Lúcio não aguentava mais a obsessão da esposa em engravidar e durante o tratamento ele avisou que iria fazer uma viagem que já estava adiando havia muito tempo. Iria à Alemanha para visitar o tio, irmão de sua mãe, que estava muito mal de saúde. Ana ficou extremamente magoada, ela queria continuar com o tratamento, mas aquela viagem de Lúcio atrasaria todos os planos.

Ana tentou convencer Lúcio do contrário, mas ele estava irredutível. Ela sabia que o marido havia chegado ao limite. Primeiro porque não cultivava muito o sonho da paternidade, era muito egoísta para isso; e, depois, porque estava extremamente frustrado por não conseguirem engravidar naturalmente.

Diante disso, Ana resolveu acompanhar Lúcio na viagem. Ao menos poderiam continuar tendo relações sexuais, já que a possibilidade da gravidez natural não havia sido totalmente descartada pelos médicos e o motivo da viagem era nobre. Pelo menos era nisso que ela queria acreditar.

Eles partiram em um voo noturno de São Paulo a Berlim e de Berlim foram para Munique, que era onde o tio de Lúcio morava. Ana ficou encantada por Munique, uma cidade sóbria, limpa, com uma bela arquitetura e de clima frio.

O tio de Lúcio realmente estava muito ruim, já fazia quatro meses que estava internado com uma pneumonia agravada por uma infecção hospitalar.

A mãe de Lúcio tinha viajado para ficar com o irmão, mas como o estado dele piorava a cada dia e ela já estava há dois meses fora de casa. Teve que voltar ao Brasil e pediu que Lúcio viajasse a Alemanha para acompanhar o tio por um tempo. Então, eles foram à Alemanha sem data certa para voltar.

Ficaram hospedados na casa do tio de Lúcio, uma casa grande com quatro quartos e um belo jardim. Ele era divorciado e tinha dois filhos, mas ambos já eram adultos, haviam se casado e já nem moravam mais em Munique.

Os filhos sequer foram acompanhar o pai durante a enfermidade. Ana sempre achou que faltava amor à família de Lúcio, os assuntos deles giravam em torno de dinheiro e só se reuniam quando era interessante aos negócios. Aquela demonstração de total desafeto nem a chocava mais, apenas lhe provocava tristeza.

Nos últimos anos, Ana andava reflexiva e pesarosa. O sonho da maternidade acabou por fazê-la questionar os rumos de seu casamento, ela temia que tivesse construído com Lúcio uma relação fria e superficial, similar a que ele tinha com a própria família, uma convivência fixada apenas em aparências e ambições.

Aquilo a atormentava tanto que por vezes chegava até a depressão.

Nos primeiros dias em Munique, para sua própria decepção e nenhuma surpresa, Ana percebeu que a viagem para Lúcio não passava de um pretexto, um motivo para ele se livrar do tratamento que haviam iniciado na tentativa de engravidarem.

Depois de uma semana em Munique, Lúcio havia ido visitar o tio no hospital apenas uma vez. Quase na integralidade do tempo ele passava no celular e no computador trabalhando, ou, então, insistindo com Ana para que fizessem passeios pela cidade, para conhecerem museus, teatros e casas de ópera.

Ana o havia acompanhado na viagem com a intenção de continuarem a ter relações sexuais, mas Lúcio a estava decepcionando tanto com sua insensibilidade e dominação que o sexo antes apenas sem graça e desmotivante passou a ser uma tortura. Nem mesmo a beleza de Munique estava sendo capaz de afastar a decepção de Ana com os rumos da própria vida.

Depois de dez dias em Munique, Lúcio resolveu ir a Berlim. Ele queria visitar a cidade e não iria perder a oportunidade já que estavam tão próximos.

Ana achou a ideia absurda. Tinham ido a Munique com o propósito de acompanharem o tio, que estava internado. Agora, além de Lúcio praticamente não ter ido visitá-lo no hospital queria aproveitar a viagem para passear pela Alemanha.

De qualquer maneira, como sempre, Lúcio acabou por convencê-la e no mesmo dia partiram para Berlim.

Berlim era uma cidade fria e majestosa que transpirava história. Ficaram hospedados em um hotel de luxo e no dia seguinte percorreram a cidade visitando os monumentos que remetiam à Segunda Guerra Mundial. A viagem que deveria ser por motivos de saúde na família acabou virando um tour turístico.

Em uma noite, quatro dias depois que haviam chegado a Berlim, Lúcio se aproximou de Ana beijando seu pescoço e suas pálpebras e a chamou para tomar um banho com ele.

— Querida, você, deitada nessa cama com essa camisola branca marcando suas curvas, me faz sentir com o vigor de um homem de vinte anos novamente. Vamos tomar um banho juntos?

Os galanteios de Lúcio estavam tão cafonas e supérfluos que Ana desdenhou do convite de imediato.

— Querido, vá sozinho, não estou nem um pouco disposta a me molhar agora. Você pode não ter percebido, já que estava tão envolto com seu celular, mas já tomei banho.

A insatisfação de Ana era gritante, mas Lúcio não se importava. Naquela hora ele queria sexo e sabia bem como conseguir.

— Minha querida, você veio comigo para que continuássemos nossas tentativas para ter nosso tão esperado filho, então, nas minhas contas, você está em seu período fértil, não podemos desperdiçar a oportunidade, não acha?

Lúcio havia tocado no ponto crucial e para aquilo Ana não tinha argumentos. Ela olhou para ele forçando uma ternura, então acariciou sua face com a ponta dos dedos e beijou seus lábios. Lúcio estava completamente excitado.

— Ah, que se dane o banho! Podemos pular as preliminares logo, não é? – disse Lúcio de forma afobada, como um adolescente.

— Claro, como quiser!

Lúcio penetrou Ana com força e luxúria. Ela se sentiu usada e o buraco que já estava em seu peito ficou mais profundo do que nunca.

No dia seguinte, eles estavam com um passeio de barco agendado pelo Rio *Spree*. Iriam visitar os *strandbars*, conhecidos como "bares de praia". Na Alemanha era verão e os *strandbars* eram montados na margem do rio com a intenção de atrair locais e turistas dispostos a se deliciarem com o sol, e os bares eram equipados com cadeiras de praia e espreguiçadeiras, apesar de serem montados em frente a um rio que sequer era permitido o banho.

Ana estava desesperada para sair do quarto do hotel. Vestiu-se às pressas e pegou um casaco quente. Mesmo sendo verão na Alemanha, naquele dia, particularmente, estava frio como um dia de outono e não deveria estar fazendo mais do que onze graus.

Para sua decepção, Lúcio estava no celular em uma ligação com o Brasil, ao que parece, lidando com um grande problema na fazenda de soja do Mato Grosso, e ele estava aos berros com o gerente da propriedade.

Ele parou a discussão apenas para dizer a Ana que não podia sair antes de resolver o assunto. Ela deu graças a Deus por ir sozinha.

— Não tem problema, querido. Eu vou sozinha, afinal, o passeio já está pago.

Lúcio sequer respondeu. Ana desceu, pegou um táxi e partiu para onde o barco ficava atracado.

Antes de entrar no barco parou em uma lanchonete e comprou um *pretzel* com um suco de laranja. Lembrou-se que estava a manhã toda sem comer e não queria desmaiar naquele lugar estranho onde não conhecia ninguém.

Ela subiu no barco e iniciou o passeio. Comendo o *pretzel* se lembrou de Estela. Sentiu uma saudade sufocante.

O pretzel de Estela é mais saboroso, pensou pesarosa.

Enquanto se encantava com as belas paisagens do lugar começou a divagar. Não sabe ao certo se pelo sabor do *pretzel*, se pelo frio que remetia a sua terra natal ou se pela profunda tristeza que sentia naquele momento, Ana se lembrou de sua casa: os pinheiros que congelavam no inverno, o cheiro da maçã cozinhando ao fogo, a sensação de pisar na terra, a beleza exuberante da natureza das serras. Tudo isso inundou seu coração de uma forma tão avassaladora que as lágrimas brotaram em seus olhos e escorreram pela face.

Depois de quinze anos distante de suas raízes os sentimentos antes tão reprimidos transbordaram. Ela sentia que, para prosseguir, continuar a tocar a roda da vida, era necessário um retorno às origens.

Precisava se reconectar ao seu íntimo, já não dava mais para afastar a saudade. Todas aquelas lembranças vieram à tona a ponto de sentir o cheiro de sua casa, o sabor da maçã e a textura da terra, o abraço terno de Estela e... de repente, a visão dos olhos azuis e tristes de Tomás veio a sua mente, mesmo tendo sido apenas um lampejo de lembrança.

De qualquer forma, era chegada a hora do retorno.

Ao voltar ao hotel Ana se deparou com Lúcio parado em pé, diante da cama. Ele estava arrumando as malas.

— Lúcio, o que houve?

— Precisamos voltar para Munique. Meu tio teve uma piora considerável, a morte é iminente. Minha mãe já esta organizando a vinda, meus primos estão indo para lá, precisamos voltar o quanto antes. Já arrumei as suas coisas.

— Lúcio, eu não vou acompanhá-lo. Daqui volto para o Brasil.

O marido parecia não ter entendido o que ela falava.

— Como é?

— Já te acompanhei por tempo demais. Preciso ir visitar Estela, nunca retornei a minha casa, a minha terra. Estou precisando disso, estou me sentindo sufocada. Você estará com sua família, não precisará de mim, e eu preciso desesperadamente desse tempo.

— Logo agora vem com uma conversa dessas? Meu tio está morrendo. Será que você ouviu o que eu disse?

— Lúcio, tem momentos que precisamos abrir mão de certas coisas e uma delas são as convenções. Você não precisa de mim agora, muito menos sua família, já eu preciso desse tempo. Essa frustração com a gravidez que não aconteceu, o retorno dos EUA, o afastamento do meu trabalho, tudo isso vem mexendo muito comigo. Ando me sentindo deprimida, frustrada, enfim, necessito mesmo desse tempo.

— Ana, você sabe que preciso ficar. Não tenho como te acompanhar agora.

— Jamais pediria isso a você. Fique com sua família. Eu vou, fico uns dias com Estela e depois nos encontramos em São Paulo. Já passamos bem mais tempo longe, não trate isso como se fosse um problema, por favor.

— Certo, Ana. Não tenho como discutir isso agora, preciso ir a Munique. Você ficará bem?

— Sim!

Lúcio partiu duas horas depois e Ana organizou seu retorno ao Brasil. Pegou um voo de Berlim a São Paulo e de lá seguiria para Florianópolis. Depois subiria a serra de carro.

Ana tentou falar com Estela diversas vezes, mas ela tinha certa resistência em usar o celular. No geral, Ana só conseguia falar pelo telefone fixo, mas nem mesmo no fixo havia conseguido contato. Estavam totalmente sem comunicação. Mesmo assim, Ana prosseguiu com os planos da viagem.

Era julho e o frio já havia se instalado na região. Chegou a Florianópolis em um voo vespertino e do aeroporto mesmo alugou um carro para pegar a estrada e subir a serra.

Quinze anos depois Ana estava de volta!

PARTE 5

A CATARSE

Ana chegou à cidade ao cair da noite. No inverno escurecia bem mais cedo e naquele dia estava até geando. Percorreu as ruas com a sensação de reconhecimento, tudo lhe era adoravelmente familiar.

A cidade estava praticamente a mesma. Notou apenas alguns comércios a mais e contou dois restaurantes novos na rua da praça principal. Fora isso, tudo estava como antes. Após uma rodada rápida tocou direto para a chácara de Estela.

Não havia qualquer luz acesa. Estela tinha instalado uma campainha na porta. Ana chamou diversas vezes, mas não obteve resposta. Como já desconfiava, a casa estava realmente vazia.

O frio era cortante, então olhou ao lado e reconheceu o mesmo vaso de rosas no canto direito da porta. Pediu a Deus para que Estela ainda mantivesse o antigo costume de deixar uma chave reserva embaixo do vaso, abaixou e tateou o chão. A chave estava lá!

Entrou rapidamente e trancou a porta. Bateu a mão no interruptor e acendeu a luz da sala. O frio lá dentro também estava cortante, sem aquecedor ligado e sem lareira. Percebeu que Estela havia trocado alguns móveis.

O sofá ainda era o mesmo, mas com um revestimento diferente; a mesa de dez lugares antes de ferro retorcido havia cedido lugar a uma mesa de madeira de demolição; a televisão era de *led* e o único móvel que ainda permanecia igual era a cristaleira branca.

Ana ligou o aquecedor, mas percebeu que não estava funcionando muito bem, então viu algumas lenhas cortadas embaixo da lareira. Foi para a cozinha atrás de fósforos, não foi difícil de encontrar. Pegou um pouco de óleo, um pedaço de papel, jogou tudo na lenha e acendeu a lareira.

O aquecedor conseguiu esquentar um pouco o ambiente, apesar de não estar funcionando a plena potência, mas a lareira pegou um fogo alto, então Ana começou a se sentir mais aquecida.

Foi ao quarto de Estela. Estava arrumado, mas notou que, como todo o resto da casa, estava empoeirado. Estela devia estar fora há dias.

Ana foi até seu antigo quarto. Estela havia montado um armário de canto com um rack e instalado um computador, o quarto se transformara em um escritório.

O que Estela quer com um computador? Ela mal sabe mexer no celular. Ana riu com o pensamento.

Foi ao armário do corredor e pegou um jogo de lençóis limpos, um edredom pesado e estendeu na cama de Estela. Depois foi para o banheiro e tomou uma chuveirada quente. Lavou até os cabelos.

Durante o banho sentiu um cansaço descomunal. Não sabia ao certo se pela viagem ou se era um cansaço emocional, mas assim que se secou, deitou na cama e caiu em um sono profundo.

Acordou um pouco desorientada após dormir cinco horas seguidas. Demorou alguns segundos para se situar e perceber que estava na casa de Estela, no interior catarinense. Foi inundada por um sentimento de paz.

Levantou-se faminta. Olhou no celular e viu que já era meia-noite. Foi até a cozinha e procurou algo para comer. Só achou algumas bolachas de sal e um pote de geleia de maçã que estava na geladeira.

Melhor que isso só se fosse um pãozinho feito na hora.

Ela achou os chás de Estela e preparou um mate com canela. Sentou-se em frente à lareira, renovou a lenha e ficou observando o seu crepitar, deliciando-se com a bebida fumegante. De repente, escutou a campainha tocar.

Meu Deus, quem pode ser a essa hora?

Ana estava com uma calça *legging* preta e uma blusa roxa de manga comprida solta por cima da calça, usava uma bota de cano curto com um salto médio, o cabelo estava desgrenhado, pois havia deitado com ele molhado.

Passou as mãos pelos cabelos, ajeitando os fios lisos, apertou as bochechas para tirar a palidez. A pessoa tocou novamente a campainha, bateu palmas e chamou por Estela. A voz não era estranha para Ana, então ela girou a maçaneta.

Por alguns segundos não reconheceu o homem que estava à porta. Era alto, forte, braços musculosos, maxilar largo, cabelos lisos, cheios e um pouco grisalhos nas laterais.

Lá fora estava escuro e Ana estava um pouco confusa, mas focou nos olhos azuis e, então, teve a certeza. Estava diante de Tomás!

Eles se olharam meio que perplexos por alguns segundos, talvez até por alguns minutos, então Tomás quebrou o silêncio.

— Ana? É você mesmo?

— Até onde eu saiba sim! – ela respondeu com a voz baixa.

— Eu vi a luz acesa e resolvi descer. Pensei que fosse Estela. Nem em mil anos poderia imaginar que seria você a abrir a porta. Está me reconhecendo, não é?

— Ora, Tomás, eu não estou tão velha assim, a minha cabeça ainda funciona – Ana disse e deu um sorriso discreto. Ele a acompanhou no sorriso e emendou:

— Você, com certeza, não está velha, mas eu estou! Não me admiraria se não me reconhecesse. – Tomás sorriu, sem graça.

— Tomás, eu me lembro perfeitamente de você. Agora entre antes que congele aí fora.

Aquele diálogo sem sentido foi quebrado pela lucidez de Ana, então Tomás entrou na casa e percebeu que a lareira estava acesa. Retirou as luvas e o casaco, pendurando-os atrás da porta.

— Desculpe aparecer a essa hora. É que não tenho notícias de Estela há alguns dias. Estou chegando de viagem agora e resolvi passar aqui para me certificar de que tudo estava bem. Quando vi a luz acesa e o movimento na casa pensei que fosse Estela, jamais poderia imaginar que ela estaria recebendo visitas.

— Não precisa de tanta formalidade. Sei bem da sua intimidade com Estela, mas eu também estou sem contato com ela. Resolvi vir visitá-la, mas não consigo falar no celular, e pelo jeito ela está fora há dias. Você também não tem notícia?

— Ana, falei com Estela há seis dias. Ela me ligou avisando que iria a Florianópolis fazer uns exames. Em seguida, tive que fazer uma viagem a trabalho e desde então tentei contato pelo celular e também liguei no telefone fixo, mas não obtive resposta, por isso resolvi passar aqui antes de ir para o sítio.

— Meu Deus, será que aconteceu alguma coisa com Estela? – Ana perguntou aflita.

— Não, tenho certeza que não! Quando ela vai a Florianópolis para fazer exames e consultas às vezes chega a demorar até quinze dias. E como você já deve ter percebido, Estela não é muito adepta ao uso do celular. – Tomás riu com a observação.

— Como eu estava fora perdemos totalmente o contato, mas agora ela há de se comunicar comigo pelo telefone fixo do sítio. Tenho certeza de que logo teremos notícias de Estela. Não precisa se preocupar!

Ele disse aquilo de forma confiante, então Ana deu um sorriso aliviado. Eles ficaram se olhando por algum tempo sem nada dizerem e ela quebrou o silêncio.

— Acabei de preparar um chá. Você aceita?

— Imagino que você esteja cansada, mas vou aceitar o chá sim!

Ana se virou e partiu para a cozinha. Tomás ficou parado na sala, inerte, parecia estar diante de uma assombração. Ela lhe entregou a caneca quente e abriu um sorriso largo.

— O que foi Tomás? Parece meio atordoado.

— Vou te dizer a verdade. Não imaginava encontrá-la aqui. Estela não me falou que você viria e... Já faz muito tempo, não é, Ana?

— Sim, tempo demais! E Estela não tinha como avisar da minha vinda, porque resolvi isso de última hora, comprei as passagens e aqui estou! – Ana sorriu novamente.

— Estela ficará imensamente feliz com essa surpresa.

— E seu marido? Espero não acordá-lo com a minha visita inoportuna a essa hora da noite – Tomás falou e sorriu.

— Ah, não se preocupe, Lúcio não veio comigo. Na verdade, ele não pôde me acompanhar. Está com um tio em estado crítico de saúde, toda a família está em vigília.

— Entendo, sinto muito!

Tomás tomou o chá e se sentou no sofá. Olhou fixamente nos olhos de Ana e sem mais rodeios falou:

— Você não mudou nada, ou melhor, mudou o corte de cabelo. Antes era comprido e agora está na altura dos ombros. Mais linda ainda!

Ana foi pega de surpresa com o elogio de Tomás, então puxou o ar fundo e agradeceu de modo frio.

— Obrigada!

Deu as costas e foi para a cozinha, serviu-se de um pouco mais de chá e voltou para a sala. Quando retornou percebeu que Tomás já estava de pé, recolocando as luvas e o casaco.

— Eu já vou indo. Está muito tarde. Já percebi que está cansada. Certamente teremos tempo de colocar os assuntos em dia, não é?

— Sim! Com certeza! E, realmente, estou esgotada. Cheguei faz pouco tempo, preciso descansar.

Tomás foi em direção à porta de forma lenta. Ana teve a impressão de que ele não queria sair. De repente, parou no meio do caminho.

— Ana, sem querer prolongar, mas estou achando frio aqui dentro. O aquecedor está ligado?

— Está sim, mas acredito que não esteja funcionando muito bem. Até acendi a lareira para esquentar mais o ambiente.

Ele voltou para dentro da casa, foi até o aquecedor e constatou que o aparelho estava prestes a parar de funcionar.

— Eu não tenho as ferramentas necessárias aqui agora para consertar o aquecedor. Se ele parar de funcionar você vai congelar aqui dentro. Não acha melhor procurar um hotel ou... pode ir para o sítio comigo e amanhã venho cedo com você e conserto isso.

— Tomás, não tem necessidade de se preocupar tanto. O aquecedor está funcionando ainda, e prometo que vou me deitar aqui na sala, em frente à lareira, com um cobertor bem quente. Não vou morrer de frio, pode ficar tranquilo. De qualquer forma, agradeço o convite, mas agora pode ir, vou ficar bem!

— Está certo, mas amanhã volto para consertar esse aparelho.

Ana levou Tomás à porta e lhe estendeu a mão de longe. Uma despedida formal. Ele apertou de leve sua mão direita e saiu. Assim que Tomás virou as costas, Ana encostou a cabeça na porta, dobrou os joelhos, deixou o corpo escorregar e apoiou-se na ponta dos pés. Sentia como se estivesse em um sonho.

Meu Deus, eu acabo de voltar e a primeira pessoa que encontro é Tomás? Devo ser amaldiçoada, só pode!

Ela estava atordoada, o coração disparado, mas agora já não era mais uma adolescente, era uma mulher adulta, dona de seu próprio destino, casada e cheia de compromissos.

Então tomou o fôlego, apertou novamente as bochechas e se levantou. Ajeitou-se no sofá jogando um edredom pesado por cima do corpo, e forçou-se a adormecer sem pensar no encontro com Tomás.

Ele entrou no carro e bateu a porta forte. Não podia acreditar que segundos antes estava diante de Ana. Tomás foi inundado por um sentimento de alegria que não sentia havia muito tempo.

Que saudade! Ela está ainda mais linda do que da última vez que a vi, apesar de achar que isso nem seria possível.

Ficou repassando na cabeça o encontro e tudo que falaram. Estava em choque com o fato de ter convidado Ana para passar a noite no sítio.

Que idiota eu sou! Quinze anos sem nos vermos e no primeiro encontro eu a convido para ir comigo para a minha casa? Ana deve estar achando que perdi o juízo! Velho, louco e imbecil.

Ele continuou dirigindo de forma distraída pela estrada, o pensamento longe, mas foi com a certeza de que precisava desesperadamente estar com Ana novamente, e que no dia seguinte voltaria para consertar o *bendito aquecedor.*

Ana acordou sentindo frio. Foi até o aquecedor e percebeu que ainda estava funcionando, mas não tardaria muito a pifar de vez. Coou um café e procurou na despensa os ingredientes para fazer um pão.

Será que ainda me lembro da receita? Ah, vou à padaria mesmo.

Ela foi de carro e comprou: pães, leite e biscoitos para o lanche da tarde. Tomou o café da manhã e decidiu que iria limpar a casa. Estava muito empoeirada e o exercício iria fazer com que se esquentasse um pouco.

Pegou os produtos de limpeza na despensa e começou o trabalho. Três horas depois a casa estava brilhando e Ana suada e sentindo-se exausta.

Ah, Meu Deus! Como estou fora de forma. Tanto tempo sem lavar uma xícara sequer. Sorriu, contente consigo mesma.

Depois de um banho demorado começou a sentir fome novamente. Já estava quase na hora do almoço, mas não tinha nada na casa para improvisar uma comida. Percebeu que precisaria ir ao mercado fazer umas compras. Estava angustiada por não ter notícias de Estela.

Será que Tomás já falou com Estela? Foi pensar naquilo e ouviu o telefone tocar. Era Estela!

— Ana, acabo de falar com Tomás ao telefone e ele me dá essa notícia maravilhosa! Você está em casa, meu amor!

— Oi, Estela! Sim! Há muito tempo estou devendo essa visita. Venho tentando falar com você há dias. Onde anda seu celular, hein?

— Ah minha filha, você sabe como sou com essas coisas. Ele está descarregado, como sempre.

Ana e Estela conversaram por muito tempo. Estela contou que ainda iria demorar dez dias para retornar, pois o cardiologista não tinha agenda mais próxima, e acalmou Ana informando que os exames e as consultas eram de rotina, mas que voltaria caso Ana não pudesse esperar.

— Pode ficar tranquila, vou te esperar aqui. E fico cuidando da casa. Vim para ficar um tempo com você. Lúcio está na Alemanha e depois vai para a Argentina a trabalho. Eu estou com muito tempo livre.

Estela estranhou a história de Ana, mas preferiu deixar para prolongar o assunto pessoalmente. Desligou o telefone com a promessa de que iria carregar o celular para que se falassem durante os dias enquanto não retornasse.

Assim que Ana colocou o telefone no gancho escutou que estavam batendo à porta. Ela reconheceu a voz.

— Oi, Ana. Esperei ficar mais tarde para não te incomodar. Vim pronto para consertar o aquecedor. – Tomás estava com um sorriso nos lábios, parecia estar satisfeito.

— Oi, Tomás. Eu acordei cedo, busquei pão na padaria, tomei o café da manhã e já até limpei a casa. – Ana riu de forma descontraída.

— Você já fez tudo isso? Então eu deveria ter vindo mais cedo! – Ele abriu um sorriso largo.

Tomás está realmente de muito bom humor, Ana pensou.

Ela não pôde deixar de observar como ele estava lindo, com os traços mais velhos. Notou até umas marcas de expressões na testa e os cabelos um pouco grisalhos, mas nada que tirasse sua beleza.

O rosto estava mais largo, o que lhe conferia mais masculinidade ainda; o sorriso encantador, com as covinhas emoldurando as bochechas; e havia encorpado e se tornado um homem forte com músculos definidos, e os olhos azuis continuavam arrebatadores.

Os anos não haviam tirado em nada o charme e a beleza de Tomás. Pelo contrário, estava mais atraente do que nunca.

Eles conversaram um pouco sobre Estela enquanto ele mexia no aquecedor. Ana informou que precisava ir ao mercado para comprar mantimentos para fazer o almoço; a casa estava totalmente desabastecida.

— Se você quiser eu posso arrumar o aquecedor e podemos almoçar juntos na cidade. Tomás fez o convite sem lhe dirigir o olhar.

— Ah, não Tomás... Eu prefiro fazer o almoço. Estou com vontade de cozinhar. Mas se você não tiver compromisso pode ficar e almoçar comigo. Só vai demorar um pouco para ficar pronto. – Ana riu com a observação.

— O único compromisso que tenho hoje é consertar um aquecedor. Depois estou livre.

— Então conserte o aquecedor enquanto vou à cidade. Antes de anoitecer esse almoço sai, tenha fé!

Os dois caíram na risada com a brincadeira de Ana. Em seguida, ela virou as costas e saiu.

O dono do mercado era o mesmo e assim que viu Ana a reconheceu. Eles conversaram por um tempo e ela saiu com o carrinho cheio. Estava pensando em fazer um arroz com polenta e comprou um frango para assar.

No retorno à chácara passou em frente à escola municipal. Sentiu saudades do seu tempo de escola. O dia estava muito frio, a vegetação ainda esbranquiçada devido à geada. Ana não conseguia parar de se admirar com a beleza natural da região.

Durante o caminho tentou conter a ansiedade com a oportunidade de passar algumas horas junto a Tomás. Lembrou-se com tristeza de que a última notícia que havia tido dele, cerca de cinco anos antes, era de que Carolina havia pedido a separação e se mudado para Curitiba, levando o filho junto.

Estela lhe contou que Tomás caiu em uma profunda depressão após a partida da criança, que havia se tornado a razão de sua vida. Ana se recordou que na época chegou a chorar em pensar que Tomás parecia ser fadado à solidão. Além disso, Ana sabia que Tomás se mantinha praticamente na mesma vida, trabalhando na marcenaria e recluso na casa do sítio. A vida deles havia tomado caminhos muito diferentes.

Quando chegou à casa de Estela percebeu que Tomás estava limpando a lareira. A casa já estava bem quentinha, concluiu que ele finalizara o conserto do aquecedor. Enquanto limpava a lareira tomava um chimarrão.

— Então, Tomás, quer comer um frango com polenta? Acho que isso eu me lembro bem como faz!

Ela temperou o frango, lavou o arroz, fez a polenta e colocou tudo no fogo. O frango foi ao forno e teria que ficar ao menos uns quarenta minutos. Tomás observou que Ana havia comprado umas garrafas de vinho. Ele abriu uma e serviu duas taças.

Enquanto esperavam o tempo do assado, pegaram as taças e se sentaram na sala, em frente à lareira. Tomás já havia terminado a limpeza e colocado novas lenhas para queimar. Começaram a conversar.

Ana lhe falou sobre alguns países que havia conhecido nos últimos anos, contou do curso de Direito e do mestrado que concluíra nos EUA, falou com entusiasmo sobre o trabalho que desenvolveu com os imigrantes brasileiros e riu de si mesma ao lembrar com modéstia que agora falava fluentemente três idiomas.

Tomás a observava falar com uma atenção profunda. Ana havia se tornado uma mulher sofisticada e a maturidade lhe proporcionara ainda mais beleza. Ele estava deslumbrado. Mal falou durante todo o tempo, só escutou.

A comida estava pronta e os dois se sentaram à mesa para almoçarem. A garrafa de vinho já tinha praticamente acabado e Tomás perguntou se Ana queria que abrisse outra garrafa.

— Tomás, é melhor não. Desse jeito eu não consigo nem fazer a massa de pão que quero deixar pronta para assar.

Os dois terminaram o almoço e Tomás, muito a contragosto, concluiu que era melhor ir embora, já havia tomado muito o tempo de Ana.

Ana o agradeceu por ter consertado o aquecedor e também por ter lhe feito companhia no almoço, mas não pediu que ficasse. Estava a todo custo evitando ficar ao lado de Tomás mais tempo que o necessário, apesar de que, no fundo, a vontade era passar o resto da vida ali, na presença dele.

Ela adorava aquele jeito calado e introspectivo de Tomás, e sentia que aqueles olhos azuis conseguiam ver até sua alma. *Oh, meu Deus, não deixe que a emoção tome conta da razão!*

Ana o levou até a porta. Mas dessa vez ele segurou de leve em sua cintura e beijou sua face. Os lábios dele eram quentes e ela reconheceu o perfume da colônia pós-barba misturado ao cheiro dele. Estremeceu com aquela proximidade, mas se afastou e com um sorriso delicado disse adeus.

Tomás se virou com um olhar triste, mas antes de sair perguntou se Ana não estava com vontade de rever a chácara de Beatriz e que agora era dela.

— Ah, claro que sim, mas Estela me falou que está alugada para uns turistas. Não sei se me deixarão entrar.

— Eu posso te levar. Fui eu que negociei o aluguel. Conheço a família que está na casa. Aposto que não vão se incomodar de você entrar lá por algum tempo. E não podemos nos esquecer de que você é a proprietária do lugar.

— Mas hoje estou cansada. Quero fazer algumas coisas ainda antes de deitar. Pode ser amanhã cedo? Você não tem trabalho a fazer?

— O único compromisso que tenho para amanhã é o de te levar até sua chácara, depois estou livre. – Ele sorriu com a brincadeira.

Ana deu uma risada alta. Tomás estava com muito senso de humor e ela estava adorando aquilo.

Tomás não dormiu durante a noite. Chegou em casa, abriu mais uma garrafa de vinho e a tomou sozinho. Não conseguia parar de pensar em Ana.

Anos antes, quando fizera a promessa a Beatriz de que ajudaria Ana a conquistar uma vida com mais oportunidades, ambos eram jovens e ele não tinha muita coisa a oferecer. Então abriu mão da convivência com Ana para não interferir em seu caminho.

Ela partiu, casou-se, tornou-se uma mulher independente, estudada e autossuficiente. Ele supunha que, agora, já não tinha mais motivos para abrir mão daquela convivência, e sentia que a promessa feita a Beatriz havia sido cumprida.

Para eles se afastarem de novo a decisão teria que partir exclusivamente de Ana.

No outro dia, ela mal pôde acreditar, mas antes mesmo de coar o café Tomás já estava na porta da casa de Estela.

— Bom dia! Hoje parece que a temperatura estará mais amena. Ótimo dia para visitar a chácara – ele falou com um sorriso reluzente.

— Ontem eu fiz a massa do pão e o estou tirando agora do forno. Ele murchou e ficou pequeno, mas dá para comer. Você se arrisca? – Ana disse e sorriu de forma graciosa.

— Claro que sim! Com mais alguns dias aqui você pega a mão novamente.

— Anda, vamos lá comer esse pão, ou seja lá o que você tenha feito. – Os dois riram muito da brincadeira de Tomás.

Chegaram à chácara ainda cedo, mas Ana percebeu que Tomás já havia comunicado aos turistas da sua visita. Todos a receberam com educação e a deixaram à vontade. Ana não conteve as lágrimas ao visitar o quarto que dividia com Beatriz.

Ela sentiu como se a mãe fosse entrar a qualquer momento no cômodo. Foi inebriante! Percebeu que haviam feito mais dois quartos na casa, então

Tomás lhe contou que ele mesmo havia comandado a obra e ajudado a colocar tijolo por tijolo.

Obviamente que teria a participação de Tomás nisso, Ana pensou.

Depois de visitar a casa, Ana foi ao pomar. Já sabia que Estela não havia mantido as macieiras, mas se surpreendeu ao ver que três pés ainda estavam vivos e vigorosos, e concluiu que aquelas árvores ainda dariam frutos maravilhosos.

Ana estava surpreendentemente feliz. Pensou que a visita à chácara poderia lhe trazer sentimentos extremamente dolorosos, mas o que sentia naquele momento era completamente diferente de dor, o que sentia era uma felicidade contagiante.

Quando saíram da chácara, Ana não aguentou a emoção e de forma espontânea deu um abraço forte em Tomás.

— Obrigada por me trazer aqui! –Ana estava com os olhos marejados.

Tomás retribuiu o abraço acariciando as costas de Ana, então esperou que ela se recuperasse da emoção, afastou-se e a encarou, falando:

— Essa é sua casa e para aqui você sempre poderá voltar quando quiser. Aqui será eternamente seu porto seguro.

Ana encarou Tomás por alguns segundos, então secou os olhos, respirou fundo e se virou, quebrando o encanto do momento. Entrou no carro e pediu que ele a levasse para a casa de Estela.

Ao chegar, Tomás convidou Ana para almoçar, mas ela não queria prolongar aquela proximidade repentina.

— Agradeço o convite, mas tenho algumas coisas para pôr em ordem. Preciso primeiramente colocar meu celular para carregar. Tenho que falar com Lúcio e ter notícias do tio dele. Depois quero descansar um pouco. Desde que cheguei não tive o tempo suficiente.

Ele a levou para a casa de Estela e não insistiu no convite. Despediu-se formalmente e partiu.

Ana entrou em casa, trocou de roupa e ligou para Lúcio. Ele lhe deu notícias difíceis. O tio havia piorado e o falecimento era esperado para dentro de poucas horas. Ana sentiu-se um pouco culpada por não estar acompanhando Lúcio naquele momento, mas a culpa passou quando recordou que sua presença não faria a menor diferença.

Ela tomou um banho, comeu alguns biscoitos que havia comprado na padaria, tomou um chimarrão e foi deitar-se. Dormiu até o início da noite. Quando se levantou se sentia um pouco atordoada. Era difícil administrar a sensação de estar em casa novamente.

Resolveu sair e caminhar pela cidade. Foi até a igreja, notou que o padre já não era o mesmo. Depois jantou no restaurante da praça principal, que ela não conhecia. Achou a comida bem feita, descobriu que eles já estavam funcionando naquele endereço fazia sete anos. Ela concluiu que tinha demorado tempo demais para retornar à cidade.

Passou pela antiga casa de Julia, recordou-se com saudade da amiga e lembrou-se que Julia havia partido há alguns anos com o marido e os filhos para morar em Minas Gerais. Às vezes, elas trocavam mensagens pelas redes sociais.

Sentou-se na praça principal para apreciar o movimento, mas o frio estava grande, então resolveu voltar para casa. Não estava com sono e não havia comprado nenhum livro para ler. Detestava televisão e não tinha o costume de passar horas vidrada em uma tela de celular. Quando retornou para a casa de Estela estava inquieta e tediada.

Ligou para Lúcio, ele não atendeu ao telefone. Ligou para Estela, mas para variar a ligação caiu na caixa de mensagens – *provavelmente o celular está descarregado mais uma vez* –, então de forma relutante deixou o pensamento fluir, e mesmo que não quisesse e tivesse tentado fugir a todo custo de seus próprios sentimentos, começou a pensar em Tomás.

Ana repassou cada traço do corpo de Tomás e refletiu sobre suas atitudes desde o reencontro. Ele estava mudado, mais descontraído e mais interessado.

Era tudo muito inusitado e diferente. Ela não queria admitir, mas Tomás ainda era muito importante, mais do que poderia ser.

Enquanto divagava em seus próprios pensamentos escutou um barulho na porta.

— Quem está aí? – perguntou, já assustada.

Ninguém respondeu do outro lado, mas Ana notou que mexeram na maçaneta.

Ela se assustou mais ainda e percebeu que mesmo ao perguntar, ninguém respondera do outro lado, então o pânico tomou conta de sua alma.

Ana correu para a cozinha e pegou uma faca. Perguntou mais uma vez, agora aos berros, quem estava à porta. Mas, novamente, rodaram a maçaneta e nada falaram. Ana começou a gritar de forma descontrolada.

— Já aviso logo que estou armada e já chamei a polícia, seja lá quem for! Vá agora enquanto é tempo.

Ana lembrou-se que Estela guardava uma espingarda no quarto, costumava ficar em seu guarda-roupa. Ela correu até lá, mas não achou nada. Então correu até seu antigo quarto, que agora havia se transformado em escritório. Abriu as portas do armário, não avistou a espingarda, mas em uma das gavetas encontrou um revólver.

Ah, louvado seja!

Ela mexeu na arma de qualquer jeito e achou ter colocado a bala no gatilho. Trancou a porta do quarto e ficou com a arma apontada para frente. O coração estava disparado.

Tentou ligar para a polícia pelo celular, duas vezes, mas ninguém atendeu. Pensou em Tomás, mas não tinha o seu celular e nem o telefone do sítio. Depois de tantos anos já não devia mais ser o mesmo número, e estava sem coragem de voltar à sala para procurar a caderneta de telefone de Estela.

Ana sentou-se na cama e começou a rezar.

Ligou mais uma vez para a polícia e, enfim, foi atendida. Eles mandaram que ela ficasse trancada no quarto e prometeram que logo estariam encaminhando uma viatura.

Depois de quarenta minutos da ligação ninguém havia aparecido.

Ana estava apavorada, mas resolveu sair do quarto. Com muito medo cruzou a sala, sempre com a arma em punho. Gritou mais uma vez e ninguém respondeu. Ela continuava a ouvir barulhos vindos do quintal.

Então correu até a mesa onde ficava o telefone fixo de Estela e pegou a caderneta, localizou o número do celular de Tomás. Chamou apenas duas vezes e ele já atendeu.

— Tomás, desculpe estar ligando a essa hora, mas é que estou apavorada.

Ele reconheceu a voz de imediato.

— Ana, o que houve?

— Estou escutando barulhos no quintal e mexeram na maçaneta da porta duas vezes. Liguei para a polícia, mas ninguém apareceu. Agora o barulho diminuiu, mas estou muito assustada e não tenho a quem recorrer.

— Vá para o quarto e se tranque lá dentro. Estela tem uma arma na gaveta do armário de seu antigo quarto. Eu já estou indo para aí. Não desligue o telefone. Vamos conversando até eu chegar.

Ana contou que já havia localizado a arma, mas que não sabia muito bem como manusear. Tomás lhe deu algumas dicas e Ana escutou o barulho do motor do carro de Tomás ligando.

Enquanto conversavam ela ouviu novos barulhos mais uma vez. O som vinha do pequeno galpão onde Estela guardava ferramentas, cortador de grama e outras quinquilharias. Ana estava apavorada. Gritou novamente e pensou em tentar atirar, mas o pavor invadiu sua alma.

E se acertasse alguém?

Ela resolveu que atiraria somente se invadissem a casa.

Ana se encolheu no canto do quarto e começou a rezar. Contou para Tomás que os barulhos estavam mais intensos.

Tomás falou que provavelmente estavam roubando o galpão de Estela, mas que se tentassem entrar na casa era para Ana usar a arma.

Oh, meu Deus, o que eu vou fazer?

Tomás se silenciou. O sinal havia caído. Ana concluiu que ele estava na estrada e desligou o celular. Então, percebeu que os barulhos vindos do quintal haviam cessado.

Vinte minutos depois ela ouviu um rugir forte de motor de carro. O farol alto foi jogado na direção da casa e o som da buzina foi intenso. Ana olhou pela janela em pânico, mas em meio à claridade reconheceu o carro de Tomás.

Saiu do quarto e foi para a sala, olhou pela janela e percebeu que Tomás havia descido do carro e partido direto para o galpão. Ana sentiu o coração parar de bater.

Ele está louco? O que está fazendo? E se o agredirem? E se estiverem armados? Se acontecer alguma coisa com ele eu morro. Ah, Deus, eu morro!

Tomás segurava uma espingarda na mão direita, chutou a porta do galpão e entrou com a arma em punho, mas não avistou ninguém. As ferramentas que ainda restavam estavam reviradas e notou de imediato que o carrinho de cortar grama que Estela havia adquirido fazia pouco tempo já não estava mais lá.

De repente, escutou Ana gritando por seu nome. Ele gritou para que ela voltasse para a casa, mas Ana respondeu que iria entrar no galpão. Tomás abaixou a espingarda e a viu entrar pela porta.

— Ana, não estou vendo ninguém aqui, mas acho melhor você voltar para dentro de casa.

— Eu não vou. Ficarei aqui para ajudar você – falou, com a boca tremendo. Tomás se apiedou da forma como ela estava apavorada e se aproximou.

— O galpão foi roubado e eles ainda podem estar por aqui. Vamos para dentro de casa. Você não deveria ter saído de lá. Ele segurou sua mão, notou que estava suando, então apontou a espingarda para frente e a foi guiando.

Tomás estava calmo. Ana não entedia como ele podia estar tão controlado. Eles entraram na casa e ele percorreu os cômodos falando que os ladrões poderiam ter entrado lá enquanto estavam no galpão. Então voltou para a sala informando que a casa também estava vazia.

Ana se sentou no sofá e com a voz trêmula começou a relatar como tudo havia começado. Contou que já fazia alguns minutos que não ouvia nenhum barulho e que apesar de conseguir falar com a polícia, ninguém tinha aparecido para socorrê-la.

Tomás se aproximou e a abraçou.

— Se acalme, já não tem ninguém aqui. Eles devem ter ficado com medo de entrar na casa quando viram que tinha alguém, então resolveram roubar o que estava mais fácil de invadir.

— Mas eu nunca podia imaginar que aqui entraria ladrão. Sempre foi tão pacato... – Ana falou com a voz embargada.

— Ah, os tempos são outros. Anda tendo alguns assaltos na região.

Tomás a soltou e foi até a cozinha. Colocou uma água para esquentar e começou a procurar os chás de Estela. Achou o de camomila e colocou em infusão. Os dois tomaram chá.

Tomás falou que ao amanhecer iria ver o estrago, mas que já tinha dado falta do cortador de grama.

Ana começou a se acalmar. Enquanto terminavam o chá ouviram um barulho de sirene. Horas depois a polícia, enfim, havia chegado.

Tomás guardou as armas e foi para a porta receber os policiais. Eles foram até o galpão e fizeram uma ronda por toda a propriedade, mas não avistaram ninguém.

Contaram que naquela noite haviam recebido mais três chamadas de áreas rurais próximas à cidade e estavam desconfiados de que poderiam ser os mesmos ladrões.

Tomaram o depoimento de Ana e a acalmaram, informando que, provavelmente, eles não voltariam a atacar naquela noite. De qualquer forma, garantiram que iriam fazer a ronda mais algumas vezes por segurança. Ana não acreditou muito naquela promessa.

Já era alta madrugada. Ana olhou no celular e percebeu que em poucas horas iria amanhecer. Tomás havia ido acompanhar os policiais até a viatura e acabou ficando muito tempo lá fora, começaram uma conversa que parecia não ter fim.

Ana estava exausta, então escutou as sirenes e o motor ligarem. *Até que enfim foram embora*, ela pensou exultante.

Tomás voltou para dentro da casa.

— Você quer que eu fique aqui até que amanheça o dia?

Ela não sabia o que falar. Achava extremamente constrangedor, mas sentia até calafrios de pensar em ficar sozinha depois de tudo que havia acontecido.

— Não sei... Acho que você pode ir. Eu não posso me apavorar com isso, não é? Afinal, pretendo ficar aqui por mais alguns dias e vou ficar sozinha até que Estela retorne. Não posso me amedrontar desse jeito.

— É, mas hoje você passou por um susto grande e tenho certeza de que se ficar sozinha aqui não vai conseguir pregar o olho. Ou eu fico ou você me acompanha até o sítio, porque hotel, a esta hora da madrugada será bem difícil de encontrar. – Tomás não abriu margem para discussão.

— Ok, você fica então! Mas eu estou dormindo no quarto de Estela. Só lhe resta o sofá.

— O sofá está ótimo! Vou acender a lareira. – Ele se virou e foi até a cozinha para pegar os fósforos.

Ana retirou as almofadas do sofá, colocou um travesseiro e jogou um cobertor. Tomás iria ficar todo dolorido no outro dia, pois o sofá era pequeno, mas ele não estava preocupado com isso.

Eles não conversaram mais. Ana disse boa noite e partiu para o quarto de Estela. Tomás voltou para a cozinha e se serviu de um pouco mais de chá. Depois se acomodou de mau jeito no sofá, com as pernas encolhidas.

Ele tentou pegar no sono, mas começou a achar o lugar quente demais. Até se arrependeu de ter acendido a lareira. O aquecedor já estava mais do que suficiente. Afastou o cobertor e tirou a camisa. Enfim, conseguiu dormir.

Ana estava com o coração acelerado. Primeiro havia sentido um medo enorme com todo o ocorrido e agora estava com Tomás dormindo na sala. É *muita emoção para uma noite só*, pensou. De qualquer maneira, a exaustão fez com que ela adormecesse rapidamente.

Ao raiar do sol Ana despertou. Olhou as horas, eram seis e meia da manhã. Resolveu sair do quarto, sentia sede, mas, acima de tudo, sentia uma vontade enorme de ver como Tomás havia passado o resto da noite.

Tirou a camisola, colocou um short jeans curto, jogou uma blusa larga por cima e saiu descalça.

Quando chegou à sala percebeu que ele estava dormindo. Os pés estavam para fora. Ela riu baixinho da cena. Ele era bem maior que o sofá.

Ana percebeu que a camisa dele estava jogada no chão, então se abaixou, pegou-a, e foi até o quarto para colocá-la em um cabide. Em seguida, voltou para a sala.

Tomás estava sem camisa, mas usava a calça. Ana ficou admirada com a sua beleza. O tórax era bem definido, braços fortes, ele tinha pelos lisos no peito. Dormia de forma serena, apesar do desconforto. Ela ficou observando-o por um longo tempo e, de repente, ele despertou.

Ana ficou completamente desconcertada, porque, obviamente, ele percebeu que ela estava parada em frente ao sofá, admirando-o, mas Tomás apenas abriu um sorriso discreto e falou bom dia.

Ana sorriu de volta, retribuiu o cumprimento e se virou de forma acelerada para a cozinha.

Coou um café, pegou alguns ovos, ligou a assadeira e colocou uns pães para assar. Começou a fazer um mexido. Ouviu o barulho de Tomás no banheiro.

Alguns minutos depois ele entrou na cozinha. Ana sentiu o coração parar de bater. A visão de Tomás com o cabelo desgrenhado, sem camisa e descalço era extremamente excitante.

Ana se virou para o fogão e focou a atenção nos ovos mexidos, quase deixou queimar. Ficou de costas para Tomás. Ele puxou uma cadeira, sentou-se e ficou observando-a.

Estava muito sexy com aquele blusão solto. Durante alguns segundos ele pensou que ela estivesse vestida só com aquilo, mas então percebeu que por baixo havia um short, ainda que bem curto. Tomás estava petrificado com aquela visão. *Ela é belíssima!*

— Tomás, estou fazendo uns ovos mexidos e o café já está pronto! Pode se servir – falou Ana, ainda virada para o fogão. Ele se levantou, pegou um prato no armário e se aproximou dela por trás.

A proximidade era tanta que o peito nu de Tomás encostou nas costas de Ana. Ele passou o braço por cima do ombro dela e pegou os ovos ainda na panela.

Ana escorregou para o lado, afastando-se dele. Pegou um prato no armário também e esperou que ele voltasse para a mesa e se sentasse. Só depois ela se aproximou do fogão para servir-se dos ovos. Não sentia fome alguma. Na verdade, seu estômago estava revirado de tanta tensão.

Meu Deus, o que estou fazendo? Sou uma mulher casada!

Tomás percebeu o incômodo de Ana, então puxou assunto para afastar aquele desconforto.

— Conseguiu dormir um pouco?

— Eu consegui sim. Dormi feito uma pedra. Já você não pode dizer o mesmo, não é? Você dá dois daquele sofá. – Ambos riram com o comentário de Ana.

— Você está enganada, eu dormi muito bem! Só me senti um pouco encalorado. Nem sei onde foi parar a minha camisa. – Ele abriu um sorriso encantador.

— Ah, desculpe, eu a peguei no chão e a coloquei em um cabide. Vou lá buscar.

Ana nem esperou que ele reagisse, levantou-se e saiu quase correndo da cozinha.

Graças a Deus arrumei um pretexto pra sair dali!

Ana demorou uns vinte minutos para retornar. Quando voltou, Tomás já estava sentado no sofá e colocava as botinas. Ele havia dobrado o cobertor e ajeitado as almofadas.

— Você se perdeu no caminho para o quarto, Ana? – Ele brincou assim que ela entrou na sala.

— Ah, é que resolvi arrumar a cama. – Mas isso era uma desculpa esfarrapada. Obviamente, ela ficou enrolando no quarto porque estava constrangida com aquela proximidade toda de Tomás.

Ele foi até Ana, estendeu a mão e pegou a camisa. Vestiu-a na frente dela. Fechou os botões e arrumou a manga, de forma lenta. Ana não conseguiu desviar o olhar. Se já tinha presenciado algo mais sexy do que ver Tomás colocar aquela camisa ela não sabia dizer.

— Ana, vou ao galpão para ver se identifico o que mais, além do cortador de grama, os bandidos levaram. Depois vou passar na delegacia para ver se tem alguma notícia das coisas de Estela. Você quer vir comigo?

— Ah, não, Tomás, vou ficar aqui. Quero dar uma limpeza na casa e tentar dormir mais um pouco.

— Mas você vai ficar bem?

— Com certeza, sim! Pode ir. Depois você me liga se tiver alguma notícia das coisas de Estela.

Ela sequer o convidou para voltar mais tarde e deu ênfase ao mencionar que era para ele apenas ligar.

Tomás se virou e partiu.

Ana deitou-se no sofá, percebeu que estava com o cheiro dele. Pegou o travesseiro que Tomás havia usado e o abraçou com força. Segundos depois adormeceu. Para ela, o sofá tinha o tamanho exato.

O sono foi reparador. Quando acordou limpou toda a casa, fez uma comida, tomou banho e assistiu até um pouco de televisão. Falou com Estela ao telefone, mas decidiu omitir os fatos da noite. Concluiu que, se contasse, ela deixaria as consultas e voltaria correndo para casa.

Um pouco antes de anoitecer Lúcio ligou. O tio havia acabado de falecer. Ana não sentiu muito sofrimento em Lúcio. *Bem típica dele essa indiferença*, pensou.

De qualquer forma, falou umas palavras de conforto e também resolveu que não iria perturbar Lúcio com os acontecimentos da noite passada. Além de tudo, tinha que omitir a presença de Tomás, então resolveu não mencionar o ocorrido.

Já havia anoitecido. Ana estava um pouco apreensiva, a toda hora acreditava estar escutando barulhos estranhos, mas, na verdade, era o medo que estava provocando aquelas sensações.

Saiu, andou pelo quintal e foi ao galpão. Colocou as coisas que ainda estavam reviradas no lugar. Pensou em ir à cidade, mas estremeceu ao lembrar que teria que voltar para a chácara à noite e sozinha, então resolveu fazer um jantar.

Preparou um medalhão de filé e fez um macarrão alho e óleo. Abriu uma garrafa de vinho e colocou uma música no celular para afastar o medo.

Depois de tomar três taças de vinho já nem sentia mais medo. Lembrou pesarosa que Tomás não havia ligado, mas era um sentimento conflitante, pois também estava agradecendo a Deus por isso; já não sabia se conseguiria resistir a Tomás. E por incrível que pareça, pela primeira vez na vida ele aparentava estar interessado também. O que a aterrorizava mais ainda.

Depois de organizar a cozinha e conferir se as janelas estavam todas fechadas, Ana se trancou no quarto de Estela. Colocou a arma dentro da gaveta do criado-mudo. Sentia-se mais segura com ela. Então, pegou no sono.

Acordou diversas vezes à noite, sempre com a impressão de estar ouvindo barulho. Por fim, adormeceu, despertando somente no outro dia, quando já estava claro.

Preparou um café e tomou um banho quente e demorado. Tomás não havia aparecido mais. Ela concluiu que, provavelmente, ele tinha reassumido seu antigo comportamento, que era o de se manter afastado. Pensou até que ele havia pegado um trabalho fora e que retornaria apenas quando ela já tivesse partido. Ana refletiu que talvez fosse o melhor a acontecer.

Cansada de ficar em casa e sem fazer nada, colocou um moletom quente, calçou um tênis e resolveu fazer uma caminhada até a cachoeira. O dia estava muito frio, então colocou gorro e luvas.

Da chácara de Estela até a cachoeira dava uma caminhada boa, uns cinco quilômetros, no mínimo. Ela foi apreciando a vegetação e não cruzou com ninguém pelo caminho.

Chegou à cachoeira e avistou algumas pessoas. Deviam ser turistas. Conversavam animadamente e tiravam fotos. Ana sentou-se em uma pedra e começou a sentir até calor. O sol estava contribuindo.

Tirou o tênis, colocando os pés em contato com a água. *Está congelante!*

Deitou-se na pedra, deixando o sol pegar no rosto, fechou os olhos e começou a se recordar da infância, quando se banhava nua naquelas águas, corria por aqueles campos, andava a cavalo.

Lembrou-se também de Beatriz. O retorno para sua terra natal fez com que as lembranças da mãe se tornassem mais vivas. Ana estava se sentindo particularmente feliz.

Ficou horas na cachoeira e, então, começou a sentir frio novamente. Recolocou o tênis, as luvas e o gorro e se preparou para a caminhada de volta.

Chegou em casa exausta. As pernas estavam até doendo. Tirou a roupa e tomou um banho. Depois foi para a cidade para almoçar.

Ana resolveu ir até o restaurante que Beatriz trabalhava. Para sua alegria, notou que ele funcionava no mesmo local. Quando entrou, observou que a decoração era a mesma. Sentiu-se como se tivesse entrado numa máquina do tempo e retornado ao passado.

Os donos não estavam lá, mas a atendente contou que ainda eram os mesmos proprietários desde a inauguração. Ana ficou frustrada por não revê-los, mas estava decidida a voltar depois para matar as saudades.

Pediu uma taça de vinho tinto e comeu uma massa; por fim, um pudim de leite de sobremesa. Ficou sentada por mais um tempo, apreciando o movimento do lugar e, enquanto isso, trocou algumas mensagens com Lúcio pelo celular.

Ele contou que ficaria mais uns dias em Munique e que depois iria direto para a Argentina. Ana perguntou por quantos dias ficaria lá, mas ele não soube precisar – em torno de quinze a vinte dias.

Lúcio queria saber o mesmo de Ana, quanto tempo mais ficaria na casa de Estela, mas ela respondeu que não tinha data certa. Garantiu apenas que quando ele estivesse de volta a São Paulo ela retornaria também.

Ana começou a contar sobre como estava se sentindo bem ao retornar aos locais de sua infância e adolescência, mas Lúcio a cortou informando que estava almoçando com os primos e que não podia ficar muito mais tempo com a atenção voltada ao celular.

Eles se despediram e Ana deixou o telefone de lado, um pouco frustrada.

Sentou-se por um tempo no banco da praça principal da cidade, depois passou em uma livraria e levou algumas horas procurando um livro. Adorava ler. Acabou por escolher mais uma obra do seu autor predileto e, em seguida, retornou para a casa de Estela.

Quando chegou à chácara já estava anoitecendo e a temperatura havia caído bastante. Entrou correndo, ligou o aquecedor e foi preparar um chimarrão. Sentou-se no sofá e começou a deliciar-se com a leitura e com a bebida.

Lá fora já estava muito escuro. Ficou tão absorvida pela leitura que nem viu o avançar das horas. De repente, sentiu o estômago vazio e resolveu preparar uma sopa. Antes que chegasse à cozinha o telefone tocou. Era Tomás.

Ele tinha novidades sobre a noite do roubo. A polícia havia prendido os bandidos. Realmente, eram os mesmos homens que vitimaram outras três propriedades rurais, mas as coisas de Estela não haviam sido localizadas. Tinham sido vendidas, provavelmente para comprar drogas, ele concluiu.

Ana se sentiu um pouco aliviada. Ao menos, os meliantes estavam presos.

Tomás ainda contou que nos últimos dois dias estivera atarefado com o trabalho e Ana lhe contou sobre os passeios que havia feito pela a cidade. Eles ficaram um bom tempo ao telefone. E, então, Tomás falou-lhe sobre a feira que estava acontecendo na cidade em comemoração ao Inverno, estação que mais levava turistas para a região. Explicou que haviam sido montadas diversas barracas com comidas típicas, bebidas e produtos artesanais, e que havia shows de dança e apresentações musicais. Perguntou se Ana não gostaria de ir.

Ana tentou disfarçar, dizendo que já tinha feito muita coisa no dia e que estava cansada.

— Não tem problema, Ana. Podemos ir amanhã. A feira acontece todas as noites e vai ficar montada por mais duas semanas. Tenho certeza de que você vai adorar.

Por alguma razão não conseguia falar "não" a Tomás. Ficaram combinados de se encontrarem no outro dia, às dezenove horas. Ele a buscaria em casa.

Naquela noite ela conseguiu dormir com tranquilidade. No outro dia acordou cedo e resolveu ir tomar o café da manhã na padaria. Havia desistido de tentar fazer a massa de pão.

Depois, retornou para a casa, limpou o banheiro, passou um pano no chão, fez um bolo de cenoura e leu mais um pouco do livro. Estava tentando ocupar a mente e o corpo para afastar a ansiedade pelo encontro de mais tarde com Tomás.

Sentia-se culpada toda vez que ficava na presença dele. *Ora, eu não estou fazendo nada de errado. Só vou passear com um amigo, só isso.* Mas, mesmo que não quisesse admitir, a culpa não era por causa de uma atitude em particular, mas pelo enorme desejo que sentia.

O dia transcorreu com rapidez e logo a noite caiu. Ana tomou um banho, passou um perfume francês de fragrância suave, colocou um vestido *midi* amarelo de gola alta, uma meia calça preta grossa, botas de cano curto e salto alto fino, secou o cabelo, escovando-o e embutindo as pontas, passou uma maquiagem leve no rosto e jogou por cima do vestido um casaco pesado.

Quando Tomás chegou ficou extasiado com a beleza de Ana. Achou até que estava mal vestido para acompanhá-la, já que a achou extremamente elegante. Mas Ana não concordaria com a opinião dele.

Tomás usava um jeans claro e uma camisa de manga comprida azul. E estava com uma bela jaqueta de couro por cima e um sapato casual no mesmo tom da jaqueta. Ana o achou deliciosamente atraente.

Ele elogiou Ana assim que a viu.

— Você está muito linda!

— Você também está lindo! – Assim que ela terminou de falar sentiu corar as bochechas. *Ah, meu Deus! Eu preciso me controlar!*

Ele percebeu que Ana havia ficado sem graça com o próprio comentário, então estendeu- lhe a mão e simplesmente falou:

— Vamos!

Eles entraram no carro e Tomás colocou uma música para tocar. Foram em silêncio, apenas apreciando o bom som e a companhia um do outro.

A feira tinha diversas barracas e no centro havia sido montado um palco, onde aconteciam apresentações de danças e uma banda tocava músicas típicas da região. O lugar estava realmente muito divertido.

Assim que Ana chegou começou a reconhecer alguns rostos. Encontrou-se com antigos amigos da escola, avistou também alguns ex-professores. Chegou a se sentar por alguns minutos na mesa com uns amigos de Estela, que ficaram extremamente felizes em reencontrá-la.

Enquanto Ana fazia todo esse social, Tomás se afastou, cumprimentou alguns conhecidos e se sentou em uma barraca de vinhos regionais. Depois que Ana conseguiu se desvencilhar dos amigos foi ao seu encontro.

— Viu como é querida? Não podia ter ficado tanto tempo sem voltar para a sua cidade – disse Tomás com uma imensa ternura e Ana retribuiu o comentário com um largo sorriso.

Ele perguntou se ela queria beber alguma coisa. Ela aceitou um vinho, mas disse que estava com vontade de tomar um espumante. Tomás pediu uma garrafa e duas taças. Os dois começaram a conversar e a apreciar a bebida.

Tomás foi à barraca ao lado, que servia comidas típicas da Alemanha, e comprou umas salsichas. Voltou para a mesa e continuaram a conversa.

Ana falou-lhe um pouco sobre como era a vida em São Paulo, contou de sua casa e da grande quantidade de empregados que precisava para cuidar do lugar. Mencionou também que estava abrindo um escritório de advocacia em sociedade com duas amigas, pois havia se afastado da profissão desde o retorno dos EUA, e prosseguiu falando dos amigos, das viagens de Lúcio e de tantas outras coisas de sua rotina.

Tomás a observava atentamente enquanto falava, e durante o relato não pôde deixar de perceber uma pontada de frustração na voz de Ana.

Será que Ana é feliz?

Ele sentiu até um calafrio na espinha de pensar que, apesar de tantos feitos, ela podia não ter ainda alcançado a felicidade.

De repente, a banda começou a tocar uma música para dançar a dois. Os casais já estavam se aglomerando em volta do palco e Tomás resolveu convidar Ana para dançar.

— Não acho que devo. As pessoas podem comentar! – ela falou, de forma espontânea e sincera.

— Mas você está preocupada com a opinião de quem? Além do mais, é só uma dança, não estaremos fazendo nada demais.

Então, ele se levantou e estendeu-lhe a mão. Como sempre, Ana jamais dizia não a Tomás. Eles se juntaram aos outros diversos casais que lotavam o espaço em torno do palco.

Ana se sentia inebriada com o cheiro e o toque de Tomás, além de estar um pouco tonta devido ao vinho. Era como se estivesse flutuando. Eles dançaram três músicas seguidas.

Tomás estava todo suado. Ana passou a mão pela testa dele, secando o suor. Ele achou o gesto carinhoso e retribuiu com um sorriso largo, e, então, falou que precisava se sentar um pouco.

— Já estou velho para essas coisas! – falou e caiu na risada.

Eles voltaram para a mesa de mãos dadas e Tomás pediu mais uma garrafa de vinho. Ana se retirou para ir ao banheiro. Trancou-se por alguns segundos no box, passou uma água no rosto e respirou fundo.

Preciso ir embora daqui agora! Estou indo longe demais com isso.

Ana se recompôs rapidamente, retocou a maquiagem e voltou para a mesa decidida a chamar Tomás para irem embora.

Quando voltou ele havia comprado uns queijos e já estava prestes a abrir a outra garrafa de vinho.

— Tomás, já ficamos tempo demais, preciso ir. Você me leva para casa?

— Mas, está muito cedo. Você precisa comer alguma coisa. E ainda temos outra garrafa de espumante para beber. Ele estava todo animado.

— Eu realmente acho que já fiquei tempo demais, por favor! – ela disse, de maneira mais enfática.

Tomás não insistiu. Levantou-se, pagou as garrafas de vinho, pediu uma embalagem para levar a que ele havia pedido, mas que não chegaram a beber, e então foram para o carro.

Ao saírem do local sentiram o vento frio da noite. Tomás vestiu a jaqueta e ajudou Ana a colocar o casaco. Dessa vez ele não ligou o som e os dois ficaram calados. Ana olhou o tempo todo para fora, como se estivesse apreciando a paisagem, mas, na verdade, estava evitando olhar para Tomás.

Quando chegou à porta da casa de Estela disse adeus e desceu do carro. Ele ficou desesperado por aquela despedida fria. Então respirou fundo, destravou a porta e desceu atrás dela, chamando por seu nome. Ela parou e se virou.

Eles ficaram de frente um para o outro. Estava fazendo um frio terrível, mas ambos suavam como se estivem debaixo do sol quente. Tomás estava com o coração acelerado e só conseguia enxergar a boca de Ana. Deu três passos e sem falar nada, enlaçou a cintura dela e a beijou.

Ela retribuiu o beijo, suas línguas se encontraram e a respiração de Tomás ficou cada vez mais ofegante. O beijo se tornou ardente e Tomás desceu as mãos pelas costas de Ana até tocar em suas nádegas. Ele as apertou, mordiscou levemente o lóbulo da orelha de Ana e beijou seu pescoço. Ela gemeu de prazer.

Ele se abaixou, passou o braço direito pelas pernas de Ana e a pegou no colo. Ela era leve como uma pluma. Eles deram mais um beijo ardente e ele entrou na casa, segurando-a no colo. Passou direto para o quarto de Estela e a deitou na cama.

Ela respirava de forma descompassada. Ele tirou a jaqueta e ela se sentou na cama para retirar o casaco. Ele se ajoelhou de frente para a cama e retirou as botas de Ana, subiu as mãos por baixo do vestido acariciando suas pernas e, então, de forma delicada, retirou-lhe a meia calça grossa e beijou-lhe os pés.

Tomás ficou de pé e desabotoou a camisa rapidamente. Ana se deitou na cama e ficou apreciando-o tirar a própria roupa. Ele jogou a camisa para o lado e abaixou a calça, livrando-se dela também. Ficou só de cueca.

Ele sentou Ana na cama, levantou seus braços e puxou o vestido, tirando-o pela cabeça. Ela já estava sem sutiã, então permaneceu apenas com a calcinha.

Tomás se deitou por cima dela, mas sem apoiar todo seu peso. Enfiou a língua de forma apressada na boca de Ana, sugando sua língua. Depois foi se abaixando e beijando cada parte do seu corpo; beijou-lhe o queixo, o pescoço, o colo, beijou seus seios, brincando com os mamilos, sugando-os. Ela estava a ponto de explodir de excitação.

Ele prosseguiu com as carícias, chegou ao umbigo, lambeu-o, e com as duas mãos abaixou a calcinha de Ana sem pressa. Beijou sua virilha e lhe abriu as pernas, lambeu e fez movimentos deliciosos com a língua no seu ponto de prazer. Ana era doce e estava úmida. Ela gemia alto e falava o nome dele.

— Ah, Tomás!

Ele continuou a usar a língua com maestria até perceber que ela tinha atingido o ponto máximo do prazer.

— Tomás, por favor, entre em mim, agora. Eu preciso sentir você por inteiro, por favor! – Ana falou aquilo baixinho, mas ele ouviu cada palavra. Ela não precisava repetir.

Ele se ajoelhou na cama para abaixar a cueca, mas ela mesma fez isso. Tomás estava completamente excitado, sua virilidade era enorme. Ana não resistiu e segurou-o, beijou e sugou, mas Tomás a afastou temendo não conseguir postergar o próprio êxtase.

Ele deitou-se por cima de Ana e dessa vez deixou o peso sobre seu corpo. Ela abriu as pernas e ele se encaixou dentro dela, penetrando-a com sofreguidão.

Ele tentava controlar a força com que possuía Ana, mas ela estava totalmente entregue àquela loucura e pedia mais, então ele a penetrou profundamente, diversas vezes, entrando e saindo do seu corpo. Tomás gemia e o peito pingava de suor.

Ele deu mais algumas estocas antes de se esvaziar dentro dela, completamente extasiado de tanto prazer.

Tomás rolou para o lado tentando controlar a respiração. O quarto cheirava a suor, colônia pós-barba, perfume francês e sexo.

Alguns minutos depois, ele se virou e acariciou o rosto de Ana. Então notou que ela estava chorando.

— O que foi, meu amor? Eu machuquei você? – ele perguntou, genuinamente preocupado.

— Ah, Tomás, nem se você quisesse conseguiria me machucar. Eu estou chorando é de felicidade!

Ele se aproximou dela e beijou suas lágrimas.

— Estou precisando de um banho. Você me acompanha?

Ana aceitou o convite imediatamente. Ambos levantaram nus e se dirigiram ao banheiro. Ele encheu a banheira, entrou primeiro, ficou com as pernas dobradas e Ana se encaixou entre elas.

Ana sorriu ao comentar que durante todos aqueles anos o único luxo que Estela havia se permitido foi o de aumentar o banheiro da casa e de instalar lá uma banheira.

— Me lembre de agradecer Estela por isso! – Tomás falou de forma divertida.

Tomás ensaboava as costas de Ana, enquanto beijava seu pescoço. Ele era extremamente afetuoso.

— Por que você demorou tanto? – Ana perguntou de repente.

— Demorei a quê, meu amor?

— A admitir que sente algo por mim. Por que esperou que eu me tornasse uma mulher comprometida? Eu o amava e era livre, mas você me mandou embora.

Ele a abraçou com força, cheirando seus cabelos.

— Eu era muito jovem naquela época e você mais jovem ainda. Eu havia perdido sua mãe há pouco tempo, estava completamente confuso, e achava realmente que eu não tinha nada a lhe oferecer. Já você era uma moça linda e estava namorando um homem rico, que a amava muito. Pelo menos era o que parecia.

— Mas eu te pedi tanto para me dar uma chance, e você me jogou nos braços de Lúcio. O que mudou agora?

— Eu consegui me livrar da hipoteca do sítio. Ao menos agora eu tenho algo a lhe oferecer! – Ele riu com a brincadeira, mas Ana permaneceu séria.

— O que mudou agora? Isso é só sexo para você? – Ela virou o rosto e o encarou ao fazer as perguntas.

— Ana, você viveu tudo o que tinha para viver, mas voltou e está nos meus braços. Isso foi o que mudou. Mesmo tendo todas as oportunidades e tendo vivido tudo o que você viveu, está aqui, comigo. Agora, realmente, você fez uma escolha. Quanto ao sexo foi maravilhoso. Com essa sua beleza extraordinária, você sabe bem o efeito que tem sobre os homens, mas eu estou aqui porque amo você, sempre amei, de diversas formas, é claro, mas hoje a amo como um homem ama uma mulher, e garanto que daria minha vida para passar o resto dos meus dias abraçado a você, sentindo seu cheiro e seu delicioso sabor.

Tomás terminou aquela declaração e beijou Ana intensamente. Ela sentiu que ele estava excitado de novo. Abraçaram-se e ela se virou de frente para ele e sentou sobre seu sexo, encaixou-se e fizeram amor novamente. E chegaram ao prazer máximo ao mesmo tempo.

Tomás se levantou da banheira, pegou uma toalha, secou primeiro Ana, depois secou o próprio corpo. Eles voltaram para a cama, mas, antes, ele ligou o aquecedor, porque estava muito frio. Adormeceram abraçados, nus e cobertos por um edredom pesado.

Ao amanhecer, Ana despertou primeiro que Tomás e ficou por algum tempo observando-o dormir. Não cansava de admirar sua beleza.

Ela estava se sentindo como em um sonho e até engoliu em seco ao imaginar que poderia acordar a qualquer momento. Beliscou o próprio braço e também beliscou a barriga de Tomás, despertando-o.

— Bom dia, dorminhoco! Já está muito tarde, sabia? Ela encostou os lábios nos dele.

Tomás abriu um sorriso e rolou o corpo por cima do de Ana, jogando todo seu peso e pressionando-a na cama. Ela riu da brincadeira e mordeu a boca de Tomás com força. Ele sentiu a dor, abriu um sorriso de novo e saiu de cima dela.

— Você quase me matou ontem à noite. Eu precisava dormir para repor as energias. Já te falei, estou velho, não tenho mais 20 anos.

— Ah, Tomás, até que para um quarentão você está bem disposto! – Ana caiu na gargalhada.

Ele a puxou para junto do seu corpo e a beijou, enfiando a língua com força, mas antes que recomeçassem tudo ele afastou a cabeça e falou:

— Vamos, precisamos comer alguma coisa!

Tomás se levantou, olhou ao redor procurando a cueca, localizou-a jogada ao lado da camisa e a vestiu. Antes, foi ao banheiro e escovou os dentes; usou a escova de Ana. Partiu para a cozinha e começou a preparar o café.

Ana se levantou, foi ao banheiro e tomou uma chuveirada rápida. Quando chegou à cozinha já estava tudo pronto. Tomás havia feito ovos mexidos e uns pães tostados, um café forte e um chá de canela. Eles comeram com muito apetite.

Quando estavam quase terminando o lanche, Ana ouviu o celular tocar. Foi até a sala e viu que era Lúcio. Durante a noite havia mandado diversas mensagens, mas como Ana não respondera nenhuma, ele resolveu ligar.

Ana não teve coragem de atender a ligação, mas mesmo após cair duas vezes, ele continuou insistindo, então ela atendeu.

—Ana, por onde você anda? Estou tentando falar com você desde ontem.

— Ah, me desculpe. É que fui dormir cedo e não vi as mensagens. O que houve?

— Estou partindo hoje de Munique. Meu voo sai daqui a uma hora. Quando chegar a Argentina aviso, mas lembre-se de olhar o celular. Está tudo bem?

— Sim, tudo bem! Estou esperando Estela retornar de Florianópolis. Está lá fazendo alguns exames e consultas médicas. Assim que ela retornar fico uns dias e depois volto para São Paulo.

— Ok! Preciso desligar, já estão chamando para embarcar. Estou com saudades! Beijos e se cuida! – Fugindo à regra, Lúcio havia sido carinhoso ao se despedir, o que só fez aumentar ainda mais em Ana o sentimento de culpa.

Ana desligou o telefone e percebeu que Tomás estava parado atrás dela, escutando a conversa. Então, colocou a mão na testa e segurou o máximo que pôde para não cair às lágrimas, mas não conseguiu.

Ela chorou baixinho. A ligação a havia trazido de volta à realidade. Tomás se aproximou e tocou de leve suas costas, falando com ternura:

— Não fique assim, por favor! Vamos viver esse momento sem pensar no futuro. A gente merece isso, por nós dois!

— Para você é fácil falar. Não é você que tem o compromisso! Já eu, não passo de uma safada traidora.

Ela enrijeceu o corpo e Tomás se afastou.

Ele foi para o quarto e vestiu a roupa. Ana ficou na sala, na mesma posição. Enxugou as lágrimas e esperou que ele voltasse.

— Você quer que eu vá embora? – Tomás falou com a voz embargada e os olhos tristes.

— Acho que você deve ir. Não é certo o que estamos fazendo, ou melhor, não é certo o que eu estou fazendo.

Tomás se aproximou, beijou a bochecha de Ana, mas ela se afastou, virando o rosto. Ele pegou a mão direita de Ana e a acariciou.

— Você não está fazendo nada sozinha.

— Quem é casada aqui sou eu, não você. – A voz de Ana estava amargurada.

— Tudo bem, Ana. Eu só posso agradecer pela noite de ontem. Foi muito especial para mim. Eu te amo e aceitarei qualquer decisão que tomar, mas saiba que vou te esperar e vou rezar para que você reconsidere. Eu realmente acho que deveríamos viver esse sentimento.

Ana permaneceu firme, virou as costas e foi para o quarto. Tomás saiu em seguida. Ela ouviu a porta bater. Deitou-se na cama e chorou de forma compulsiva.

Cogitou fazer as malas e voltar naquele instante mesmo para São Paulo, mas pensar em se afastar de Tomás naquele momento lhe provocava até dor física. Ela não conseguiria.

Ana chorou até dormir.

Algum tempo depois ela despertou e o ápice do desespero já havia passado. Sentia-se mais lúcida.

Levantou-se, tomou um pouco do chá que Tomás havia feito, trocou de roupa e saiu. Decidiu almoçar novamente no restaurante em que Beatriz havia trabalhado e dessa vez teve mais sorte, os proprietários estavam lá e, enfim, reencontraram-se.

Teve um almoço agradável, conversaram por muito tempo e eles insistiram que o almoço seria por conta da casa, mas Ana negou de forma veemente, então lhe ofereceram a sobremesa e ela aceitou de bom grado.

Depois, Ana se sentou novamente na praça e deixou os pensamentos fluírem.

Repassou cada momento da noite com Tomás. O corpo dele, o seu toque, a forma como lhe acariciara, levando-a a experimentar um êxtase sexual que nem sequer imaginava existir, as palavras de amor que ele pronunciara e que haviam tocado tão fundo em seu coração.

Concluiu sem pesar que o sentimento que tinha por ele quando jovem ainda existia e que depois daquela intimidade toda estava mais latente do que nunca.

Pensou em tudo que viveu desde o seu retorno, a felicidade que sentiu ao pisar novamente em sua terra natal, as coincidências e providências divinas que a levaram a estar na presença de Tomás desde o dia de sua volta, o amor sufocante que sentia por ele e que a acompanhou durante praticamente toda a vida.

Aquela reflexão sobre os caminhos do destino a fez concluir que precisava viver aquele sentimento sem culpa e sem pressa. Não sabia do futuro e nem se cobraria qualquer decisão. A única coisa de que tinha certeza era de que precisava desesperadamente viver aquele amor.

Ana voltou para casa, mas antes passou no banco e pegou dinheiro. Recebia uma mesada de Lúcio desde o casamento. Haviam assinado um acordo pré-nupcial que além de delimitar como seria a divisão de bens em caso de divórcio, ainda a resguardava durante o casamento garantindo-lhe uma renda individual e mensal.

Na época ela assinou o acordo sem sequer entender do que se tratava, mas depois de ter se formado em Direito compreendeu bem a importância e as consequências daquele documento. Se viesse a se separar de Lúcio não lhe seria destinado praticamente nada e ainda perderia a renda mensal. O acordo havia sido muito bem elaborado no sentido de garantir isso.

Mas hoje, assim como há quinze anos, Ana tinha uma certeza: em caso de separação não iria querer nada de Lúcio. Nem precisaria de qualquer documento determinando isso.

Um pouco antes de anoitecer se arrumou e partiu para o sítio de Tomás. Foi apreensiva, achando que pudesse ter esquecido o caminho, mas, para sua surpresa, conseguiu chegar sem errar uma única vez.

Desceu e foi até a casa, mas estava trancada. Então foi até o galpão onde funcionava a marcenaria. Tomás estava lá.

Ele estava de costas para o portão. Encaixava um pedaço de madeira batendo com força um martelo. Estava suado e sem camisa, completamente absorto no que fazia e tinha uma expressão triste.

— Olá! Atrapalho? – Ana falou em voz alta.

Ele deixou imediatamente o martelo e se virou surpreso.

— Está aí há muito tempo? Não ouvi você chegar.

— Não, cheguei agora, mas você está tão compenetrado que fiquei até constrangida em te chamar.

Ele deu um sorriso discreto e se aproximou.

— Estou com muito serviço. Meus funcionários saíram há pouco e eu resolvi continuar aqui adiantando o trabalho.

— Agora você tem funcionários?

— Sim. Os negócios prosperaram ao longo dos anos, graças a Deus!

Por alguns segundos ela não sabia mais o que dizer, então ele tomou a dianteira e prosseguiu no assunto.

— Estou surpreso de te ver aqui! Achou fácil o caminho?

— Ah, sim! Fiquei um pouco apreensiva, mas no final vim sem errar uma entrada sequer.

Tomás sorriu novamente, mas sua expressão estava triste.

— Vamos entrar em casa. Preciso tomar um banho. Você me espera?

Ela se recordou que na noite anterior ele a havia convidado para tomarem banho juntos e que haviam feito amor na banheira, mas agora ele estava distante e até um tanto formal.

Tomás se dirigiu ao banheiro, antes ligou o aquecedor, pois já começava a esfriar.

Ana ficou observando a casa. A sala estava diferente. Tinha móveis novos e as paredes estavam pintadas em um tom bege. Ana se recordava bem que elas eram brancas.

Entrou nos quartos que antes ficavam fechados, mas que agora estavam mobiliados e, pelo jeito, em pleno uso.

Um dos quartos tinha uma decoração infantil. As paredes eram pintadas num tom azul e havia um papel de parede listrado. Notou um baú cheio de brinquedos e um videogame instalado em uma televisão pequena.

Ana sentiu o coração se encher de ternura. Certamente, aquele era o quarto do filho de Tomás, que Carolina havia levado para viver em Curitiba após a separação. Seus olhos se encheram de lágrimas ao pensar em como deveria ser difícil para Tomás suportar aquela distância.

No outro quarto havia sido montado um escritório, mas nele tinha um sofá-cama, que daria para acomodar muito bem qualquer visita.

Ana retornou para a sala e ficou esperando Tomás terminar o banho. Alguns minutos depois ele apareceu. Usava uma calça de moletom e uma camiseta branca, os cabelos estavam molhados, mas bem penteados, e tinha um cheiro delicioso de sabonete de lavanda.

— Enquanto você tomava banho eu fiquei bisbilhotando sua casa. – Ana sorriu, um pouco sem graça.

— Está muito diferente do que você se recorda?

— Sim! Agora os quartos não estão mais fechados. E achei muito lindo o quarto do seu filho.

— É pena que ele venha aqui tão pouco – Tomás falou com um pesar tão grande que Ana se segurou para não correr e abraçá-lo, mas resolveu conter-se.

— Podemos falar um pouco disso? Desde que cheguei falei muito de mim, da minha vida, do que vi e vivi durante os últimos anos, mas você não falou nada sobre a sua vida.

— Ah, Ana, não acho que tenha muita coisa interessante para contar.

— Mas, eu faço questão de ouvir! – ela falou de modo enfático.

— Certo, vamos para a cozinha preparar um chimarrão e eu prometo tentar não te entediar muito com minhas histórias. Ele deu um leve sorriso.

Eles compartilharam o chimarrão e Tomás começou o relato falando de trabalho, contou que passou muitos anos trabalhando de sol a sol na marcenaria para conseguir honrar com as prestações da hipoteca que Wagner havia feito um pouco antes de morrer, dando o sítio como garantia.

— Eu tinha pânico só de pensar em perder o sítio. Aquela dívida me atormentou por muitos anos. Depois que consegui pagá-la pude investir mais na marcenaria. Hoje tenho uma empresa com um volume bom de trabalho e já consigo arcar com três funcionários fixos que me ajudam na demanda.

Ele prosseguiu contando sobre o crescimento da marcenaria, sobre como havia conseguido guardar dinheiro depois que enfim se livrou das dívidas, e finalizou comentando que após longos anos se dedicando somente ao trabalho havia voltado a estudar e tinha concluído há algum tempo o curso de Filosofia, e que agora estava iniciando uma especialização na área, em um curso a distância.

— Voltar a estudar me ajudou a livrar da depressão depois que me afastei de meu filho José, por isso decidi que nunca mais vou parar de estudar, além do mais, não é porque ganho a vida com o trabalho braçal que vou me manter afastado dos livros. Ele sorriu.

— Você se graduou em Filosofia? Não me lembro de Estela ter comentado a respeito.

— Talvez ela tenha achado o assunto irrelevante – ele falou meio sem graça.

— Tenho certeza de que para ela isso foi relevante sim. Eu é que evitava falar sobre você, sempre me esquivava. Era inevitável à frustração, sem falar na dor da saudade.

Ana percebeu que Tomás se abateu com o comentário, então ela resolveu quebrar o clima.

— Sabe, Filosofia é bem sua cara. Sempre te achei tão culto!

— É, o marceneiro erudito. — Tomás falou, e sorriu com a brincadeira.

Ele prosseguiu com sua história, adentrando ao assunto sobre o relacionamento que teve com Carolina e que começou de forma despretensiosa, mas que durou mais tempo do que deveria.

— Entre nós não havia amor. Um fazia companhia ao outro e só. Por muitos anos nem namorados admitíamos ser, mas, então, ela engravidou e resolvemos assumir o relacionamento. Ela se mudou para cá, mas detestava o sítio. Falava que não era "mulher para viver no meio do mato". Durante a gravidez começou a me atormentar para que nos mudássemos para a cidade. Queria que eu vendesse as terras, mas devido à hipoteca isso era impossível. José nasceu e nossos mundos viraram de cabeça para baixo. É impressionante como uma criança muda completamente a vida e a rotina de todos que estão a sua volta. Foi uma época feliz!

Tomás deu um tempo, mas logo continuou:

— Carolina passava o dia cuidando dele e eu a ajudava da melhor forma possível, revezando as horas em casa com o trabalho na marcenaria. Quando ele fez 2 anos, Carolina arrumou um emprego na cidade e o matriculou numa creche. Nessa época nosso relacionamento já estava completamente deteriorado, já nem compartilhávamos o mesmo quarto, mas eu me recusava a deixá-la ir. Amava demais meu filho e não admitia ficar longe dele nem por um instante. No aniversário de três anos dele, logo depois da festinha que fizemos aqui para alguns amigos, ela me chamou no quarto e falou que não suportava mais essa vida. Queria se mudar e, de preferência, para um grande centro. E ou eu a acompanharia ou ela iria embora, levando José junto. Mas eu jamais sairia da minha terra!

Com certa tristeza nos olhos, Tomás continuou o relato:

— Foi um ano difícil. Nos magoamos muito, tínhamos brigas terríveis, e, então, um pouco antes de José completar 4 anos, ela chegou em casa, arrumou as malas e avisou que tinha recebido uma proposta de trabalho em Curitiba e que estava de mudança para lá. Eu jamais tentaria afastar uma mãe de um filho, sabia bem que essa era a maior dor que uma criança poderia sentir. Tinha vivido isso na minha infância e jamais sujeitaria meu José a isso. Então aceitei a separação e eles partiram. Isso já faz cinco anos. Hoje vejo meu filho nas férias de final de ano. Ele passa o mês de dezembro comigo. E tento ir a Curitiba pelo menos uma vez por mês para matar as saudades.

E com a voz entristecida e melancólica, ele finalizou:

— Carolina se casou com outro, mas ao menos é um bom homem, trata José muito bem. Ela engravidou novamente e José ganhou uma irmãzinha. Meu filho hoje tem outra família e eu continuo aqui, sozinho, como sempre!

Ana não resistiu mais. Aproximou-se de Tomás e o abraçou. Ele estava sentado numa cadeira e a cabeça dele estava na altura do peito de Ana. Ele enlaçou sua cintura e apoiou a cabeça contra o peito dela, soltando o próprio peso, então, suspirou profundamente e disse:

— Você veio aqui para dizer que vai embora?

Ela acariciou seus cabelos, que ainda estavam úmidos, segurou seu queixo e ergueu sua cabeça. Notou que ele estava com os olhos marejados.

— Eu vim porque você me falou para vivermos esse momento sem pensar no futuro. Não posso prometer nada, não sei o que será daqui a três dias, três semanas ou três anos, só sei que hoje não me imagino em outro lugar que não seja aqui, em seus braços.

Ana se abaixou e beijou-lhe os lábios de forma demorada e terna. Ele retribuiu o beijo, acariciando as costas dela, então a afastou um pouco e começou a desabotoar sua blusa. Ela não ofereceu qualquer resistência.

— Vamos para o quarto! – ele falou de maneira apressada.

Levantou-se da cadeira, pegou nas mãos de Ana e a conduziu até lá.

Ana retirou a camiseta de Tomás e beijou seu peito, mordiscando os mamilos. Ele mesmo abaixou a calça de moletom, levando a cueca junto. Ficou nu em pelo.

Terminou de retirar a blusa de Ana e a ajudou a se livrar das botas que usava e também da calça *legging*. Desabotoou seu sutiã e acariciou seus seios com as mãos. Eles se amoldavam perfeitamente às mãos grandes e grossas de Tomás.

Eles se deitaram na cama e Ana abriu as pernas com extrema necessidade e luxúria. Ele se deitou sobre ela, jogando seu peso, e enfiou os dedos dentro dela fazendo movimentos circulares. Era impressionante como Tomás sabia tocar em seus pontos de maior prazer.

Rapidamente, ela gemeu, chegando ao êxtase. Então, ele a possuiu com o seu sexo ereto, entrando e saindo meio que de forma brutal. Desejava-a demais. Depois de algum tempo, entregou-se também ao êxtase absoluto, levando-a com ele ao ápice uma vez mais.

Eles ficaram abraçados sem nada falarem. Ela estava deitada nua, em cima do corpo de Tomás, e repousava a cabeça sobre seu tórax, acariciando os pelos de seu peito com as pontas dos dedos. Ficaram naquela posição por um longo tempo.

— Ana, eu estou faminto! Vamos até a cozinha preparar algo para comer?

Eles foram juntos. Tomás temperou uns filés de truta e levou ao forno. Ana cortou uns tomates achou uma muçarela de búfala e um manjericão e montou uma bela salada *caprese*.

Abriram o vinho que Tomás havia comprado na feira na noite anterior e que não chegaram a beber, e esperaram o peixe chegar ao ponto, mordiscando a salada.

Conversaram por muito tempo. Ana lhe contou de forma amargurada que já fazia algum tempo que tentava engravidar, mas mesmo se valendo de um tratamento não havia conseguido. Tomás ficou compadecido do sofrimento de Ana.

Depois falaram de Estela e compartilharam a preocupação com o fato de ela estar fora há muitos dias e sozinha.

Relembraram momentos da infância de Ana e do tempo em que Tomás namorou Beatriz. Recordaram-se dela com muita ternura e riram juntos das lembranças.

Ana e Tomás tinham tanta intimidade que era como se não tivessem passado um dia sequer separados. Os quinze anos de distância pareciam ter se tornado obsoletos.

Após se saciarem com o jantar voltaram para o quarto, deitaram-se abraçados e Tomás propôs a Ana que assistissem a um filme. Depois, adormeceram entrelaçados um ao outro.

Durante a madrugada, Tomás despertou e começou a beijar as costas de Ana, descendo até as nádegas. Ela acordou preguiçosamente, adorando aquilo, então fizeram amor de forma lenta e deliciosa.

No outro dia, Tomás fez uma proposta inusitada a Ana: passarem o dia em casa, apenas fazendo amor, dormindo e, eventualmente, comendo. Ana sorriu e aceitou a proposta imediatamente.

Tomás foi até a marcenaria, deu algumas instruções aos funcionários e retornou para casa. Ele retirou toda a roupa assim que entrou, ficando completamente nu. Ana achou aquilo engraçado e começou a rir.

— O que é isso, Tomás?

— A proposta era fazermos amor o dia todo e é isso que vamos fazer! – Ele se aproximou de Ana, beijando-a com lasciva. Ela cedeu ao desejo e eles se amaram no sofá da sala.

Permaneceram abraçados por horas, nus, cobertos por uma manta quente, observando o fogo da lareira. Depois prepararam mais uma refeição. Ao longo do dia fizeram amor várias vezes.

Dormiram juntos, banharam-se juntos, era como se fossem um só.

Ana se recordou que fazia quase dois dias que não olhava o celular, como se não existisse mundo fora daquele ninho de amor. Durante a noite, após preparem o jantar, Ana se vestiu apenas com uma camiseta de Tomás e se sentou na varanda da casa, sentindo o frio cortante. Estava reflexiva, mas não demonstrava qualquer arrependimento, parecia estar serena e feliz. Tomás ficou observando-a da janela, apenas admirando-a. Minutos depois ela entrou na casa tremendo e pulando para afastar o frio.

— Você faria qualquer coisa por mim? – Ana perguntou em tom de brincadeira.

— Qualquer coisa desse mundo! – ele respondeu de forma sincera.

— Toque violino para mim? Eu sempre adorei ouvir você tocar.

— Tem muito tempo que não toco, estou meio enferrujado.

— Ah, Tomás, por favor!

Ele se aproximou, beijou-lhe a face e foi pegar o estojo.

Tomás tocou por um bom tempo. Ana até dançou rodopiando pela sala. Ele sorria encantado com sua espontaneidade e continuou a tocar até os dedos doerem. Depois, tomaram um banho juntos e adormeceram após fazerem amor mais uma vez.

Um pouco antes de amanhecer, Tomás despertou com o coração acelerado. Havia tido um pesadelo terrível: Ana estava prestes a cair de um penhasco e ele não conseguia alcançá-la. E quando ela caiu ele acordou.

Sentiu um alívio enorme ao constatar que Ana estava ali, na cama, ao seu lado, segura e dormindo profundamente. Mas depois desse sonho horrível não conseguiu mais pegar no sono. Levantou-se tentando não fazer barulho, pois não queria acordá-la. Foi ao banheiro, tomou uma chuveirada rápida, e depois foi à cozinha, bebeu água e voltou para o quarto. Sentou-se na poltrona de frente à cama.

Tomás estava com o coração cheio de amor e repassava na cabeça os últimos dias. Sentia pânico de pensar que ela poderia partir a qualquer momento.

Ele passou muito tempo sentado na poltrona velando o sono de Ana. Olhar para ela era como sentir a chuva depois de um longo período de seca.

Quando Ana despertou notou a ausência dele. Então, virou-se e se deparou com ele sentado de frente para a cama. Tomás a encarava com um olhar triste.

— Bom dia, meu amor! O que faz aí nessa poltrona fria? – ela falou e abriu um sorriso carinhoso.

Ele sustentou o olhar triste, levantou-se e se sentou ao lado dela. Pegou sua mão e falou com voz baixa:

— Não vá embora, por favor! Eu sei que agora posso te fazer feliz! E quero te fazer feliz!

Ana abraçou-o com força, beijou seus lábios, mas nada falou. Minutos depois se levantou e foi para o banheiro. Tomou um banho demorado. Quando saiu, Tomás já estava vestido.

— Ah, não! O sonho acabou? – ela perguntou tristonha.

— Preciso trabalhar hoje. Os boletos não param de vencer. – Ele sorriu de forma graciosa.

— Você quer me esperar aqui ou vai voltar para a casa da Estela?

— Vou para a casa da Estela. Estou com a mesma roupa há quase dois dias. – Ela sorriu.

— Meu amor, você está é "sem roupa" há quase dois dias. –Tomás disse com pura malícia e, então, deu-lhe um beijo de tirar o fôlego.

— Vá para a casa da Estela. À noite eu a encontro lá. Mas, antes, tome um café da manhã. Já deixei tudo preparado. Preciso mesmo ir à marcenaria. O dever me chama!

Deu mais um beijo rápido em Ana e saiu.

Ana chegou à casa da Estela, colocou o celular para carregar, tomou mais um banho e vestiu uma roupa limpa. Quando checou o celular percebeu diversas mensagens de Lúcio e várias ligações.

Oh, meu Deus! Não tenho forças para falar com ele. Serão só mentiras!

Sentiu vontade de chorar, mas antes que as lágrimas brotassem escutou a porta da sala abrindo. Correu até lá, já assustada, pois a havia trancado, mas quando chegou se deparou com Estela.

— Estela? Achei que demoraria mais alguns dias.

Ana correu e a abraçou com força!

— Ah, minha filha, consegui antecipar a consulta. Estou tão feliz de estar com você em casa novamente.

Ana ajudou Estela a levar as malas para o quarto e enquanto as desfaziam começaram a conversar. Ana contou-lhe sobre a viagem a Alemanha e sobre o falecimento do tio de Lúcio. Revelou-lhe que estava muito frustrada por não conseguir engravidar e até desabafou sobre o seu casamento e sobre os comportamentos egoístas do marido.

Estela a ouviu e lhe deu vários conselhos, principalmente referente ao relacionamento com Lúcio.

Depois de muito tempo foram para a cozinha e começaram a preparar o almoço. Continuaram a conversar e Ana contou tudo que havia feito desde o dia do retorno.

Contou-lhe sobre os passeios, a visita à chácara, o reencontro com os amigos. Contou também sobre o assalto e Estela até teve palpitações de susto. A única coisa que Ana omitiu foi sobre a intimidade que experimentara com Tomás durante aqueles dias.

De qualquer forma, Estela observou que Tomás estivera presente em todos os momentos desde a chegada de Ana.

— Minha filha, percebo que desde seu retorno você esteve bastante com Tomás, não? Ele está em todas as suas histórias.

— Ele me fez companhia durante esses dias, senão eu ficaria muito sozinha, não é? – Ana falou aquilo de forma encabulada. Parecia que Estela havia notado algo.

Ana desconversou e levantou-se para arrumar a cozinha. Estela fez menção em ajudar, mas Ana negou.

— Vá descansar da viagem. Eu arrumo tudo em um minuto.

Depois de lavar tudo e colocar no lugar, Ana respirou fundo, tomou coragem e ligou para Lúcio. Fazia dois dias que ela não atendia ao telefone e nem visualizava qualquer mensagem. Ele devia estar preocupado.

— Oi, Lúcio. Tudo bem? – A voz de Ana estava tão embargada que ele mal escutou.

— Ana, eu que pergunto se está tudo bem. Onde você está?

— Ah, me desculpe por não ter retornado as ligações. O sinal aqui não está muito bom, e para piorar resolvi visitar uns conhecidos em uma fazenda próxima e esqueci de levar o celular.

— Você quer me matar de preocupação? Já estava para comprar uma passagem e voltar para o Brasil por causa disso – Lúcio falou irritadíssimo.

Ana tentou conter a emoção, inventou mais algumas desculpas e depois se despediu falando mais uma vez que quando ele retornasse para São Paulo ela já estaria lá. Desligou o telefone se sentindo completamente culpada e confusa.

Ao cair da noite, Ana e Estela estavam sentadas na sala assistindo televisão quando a campainha tocou.

Estela abriu a porta e sorriu ao se deparar com Tomás.

— Estela, enfim você voltou! – Eles deram um abraço afetuoso.

Tomás entrou e cumprimentou Ana de longe, de forma discreta. Estela percebeu uma tensão entre os dois, mas nada comentou a respeito.

Ele sentou-se na sala e Ana praticamente correu para a cozinha, falando que iria preparar algo para comerem. Estela começou a falar a Tomás sobre os exames e as consultas que havia feito em Florianópolis. Tomás escutou com toda a atenção.

Depois jantaram e continuaram por muito tempo conversando, mas Ana não conseguiu relaxar nem por um segundo.

Algum tempo depois Tomás se levantou e disse que precisava ir embora. Percebeu que não teria como conversar em particular com Ana naquele momento.

Depois que ele saiu, Ana arrumou o sofá para passar a noite. Estela falou que a cama dela era grande e que poderiam dormir juntas, mas Ana declinou do convite.

— Estela, eu realmente gosto desse sofá. Pode ficar tranquila, se eu sentir necessidade vou para a cama mais tarde.

— Minha filha, tem alguma coisa que você queira me contar? – Estela perguntou, encarando Ana.

— Como assim?

— Ana, eu notei o desconforto seu com Tomás aqui, e eu percebi que ele ficou muito surpreso em me ver. Está acontecendo alguma coisa?

Ana sentiu-se até um pouco tonta, mas desconversou novamente.

— Ora, o que é isso, é impressão sua. Não tem nada e eu não estava nem um pouco desconfortável.

Estela não insistiu. Caso Ana sentisse necessidade, uma hora ou outra iria se abrir. Estela virou as costas e foi para o quarto.

Ana se sentou no sofá para se recuperar da tontura que sentira. Minutos depois seu celular tocou e era Tomás na ligação.

— Oi, meu amor. Desculpe por ter vindo embora, mas com Estela aí eu não tinha mais como ficar.

— Ah, Tomás, ela desconfiou de algo entre nós. Estou me sentindo tão mal, mentindo para todo mundo. – Ana estava praticamente chorando ao telefone.

— Não comece a se martirizar, por favor! Vamos nos ver hoje ainda. Espere Estela dormir que eu te busco aí e te devolvo antes de ela despertar.

— Tomás, pelo amor de Deus! Você está parecendo um adolescente. Nós não podemos agir assim!

— É por eu não ser mais um adolescente que estou agindo assim. Já perdemos tempo demais e não quero que você fique aí se sentindo a pior pessoa do mundo por me amar.

Ana começou a rir de Tomás. Ele realmente estava bem decidido.

— Ok, me dê meia hora e pare o carro lá na porteira.

Ana saiu na ponta dos pés. Correu até a porteira e ele já estava lá. Entrou esbaforida no carro por causa da corrida e da tensão.

Ele não deixou Ana sequer recuperar o fôlego. Puxou-lhe a cabeça e beijou-a de forma ardente.

Ana tentou se afastar, mas não conseguia resistir a Tomás. Ele empurrou o banco do carro totalmente para trás, tentando ganhar mais espaço, e ela jogou as pernas, encaixando-se na cintura dele, e com dificuldade abriu o zíper da calça dele enquanto ele arrancava a calcinha dela. Eles fizeram amor apressadamente, apertados no carro, mas enlouquecidos de paixão.

Quando recuperaram o fôlego, Ana segurou o rosto de Tomás e ficaram se encarando por um longo tempo. Por fim, ela beijou-lhe os olhos, o nariz e a bochecha, então jogou a perna e saiu do colo dele. Ajeitou o vestido e a calcinha, enquanto ele subia o zíper da calça.

— O que nós vamos fazer com isso? - Ana perguntou com a voz ligeiramente desolada.

— O que "você" quer fazer com isso? - Ele respondeu com uma pergunta e prosseguiu:

— Porque eu sei muito bem o que quero! Quero você para o resto da vida. Quero me casar com você, cuidar de você para sempre, e quero que cuide de mim também!

— Tomás, eu já sou casada.

— Você ama o seu marido? É feliz no seu casamento?

— Anos atrás eu lhe disse o que sentia por Lúcio. Você se recorda daquele dia?

— Me recordo perfeitamente daquele dia. Você disse que amava a mim e que não tinha como amar duas pessoas ao mesmo tempo.

— É, e depois eu tirei a roupa na sua frente e você me mandou embora, ignorando por completo os meus sentimentos. – A lembrança daquele dia fez com que Ana começasse a chorar.

— Ana, você nunca vai me perdoar por aquilo?

— Eu não tenho o que perdoar. O problema é que aquela decisão sua delineou os rumos de nossas vidas. Eu me casei e construí um lar junto a Lúcio. Eu não tenho um casamento perfeito, inclusive, estamos em crise, mas ele é um bom homem, fez muito por mim, e eu construí uma vida em São Paulo. Tenho minha profissão, meus projetos, meus amigos... Minha vida tomou um rumo completamente diferente. Eu não sei se consigo deixar tudo para trás.

— Você ama Lúcio? – Tomás repetiu a pergunta.

Ana respirou fundo, enxugou as lágrimas que insistiam em rolar pelo rosto, encarou-o e falou com voz terna:

— Eu amo você, Tomás. Não acho que tenha como amar duas pessoas ao mesmo tempo.

Ele puxou a cabeça de Ana e falou com os lábios rentes ao dela.

— Então, por favor, meu amor, eu faço o que você quiser. Posso até me mudar para São Paulo, monto uma marcenaria lá e você finaliza a montagem do seu escritório de advocacia e retoma as suas atividades. Eu faço qualquer coisa para não te perder.

— Se mudaria para São Paulo por mim? Mas você até perdeu seu casamento com Carolina por não aceitar se afastar da sua terra.

— Eu nunca amei Carolina, mas você é a mulher da minha vida. Eu já te amava quando naquele maldito dia resolvi te mandar embora. Mas, como já te disse antes, naquela época eu estava muito confuso e realmente acreditava que não tinha nada a lhe oferecer. Mas ao te ver aqui de novo aquele amor ressurgiu e eu não consigo imaginar mais minha vida sem você.

— Ah, Tomás, eu jamais pediria que se afastasse do sítio. A questão aqui não é essa. Eu tenho uma vida com Lúcio, construí uma história com ele. Eu realmente preciso pensar. Não consigo tomar qualquer decisão agora.

Ana disse isso, tomou o fôlego e prosseguiu:

— Eu quero que você se afaste. Preciso pensar, e se ficar me encontrando com você a toda hora não conseguirei ter o discernimento necessário. Preciso de um tempo para mim.

— Ah, não, Ana, por favor! Não faça isso!

— Você disse que respeitaria qualquer decisão minha, e agora eu estou lhe pedindo para se afastar. – A voz dela estava firme como nunca.

Tomás fechou os olhos, segurando as lágrimas. Respirou fundo, desceu do carro, contornou-o por trás e abriu a porta do lado de Ana. Estendeu-lhe a mão, ajudando-a a descer e, então, falou:

— Eu não vou te procurar mais, mas saiba que te amo loucamente. Você sabe onde me encontrar. Eu espero, realmente, que você me dê a chance de provar que posso te fazer feliz.

Ele beijou de leve os lábios de Ana, depois se virou e entrou no carro. Ela se afastou e ele ligou o motor. Tomás partiu sem olhar para trás.

Ana fechou a porteira e voltou caminhando lentamente para casa. Deitou-se no sofá e não conseguiu pregar o olho a noite inteira.

Tomás fez o percurso até o sítio de forma lenta. A tristeza que sentia era quase palpável. Já havia perdido muitas pessoas na vida, sendo sua mãe a primeira delas. Depois o avô, o pai, Beatriz e, por fim, havia se afastado do seu filho José.

Já estou acostumado a perdas, ele refletiu pesaroso.

Tomás relembrava toda sua história com Ana, desde o dia em que a conhecera ainda criança na chácara de Beatriz. Depois, recordou-se de como ela havia amadurecido, tornando-se uma bela moça, e da época em que percebeu que nela desabrochava um desejo e um amor que ele não se permitiu corresponder.

Recordou-se do maldito dia em que a mandou embora, jogando-a nos braços de Lúcio. Refletiu que aquilo havia sido uma decisão equivocada, tomada no afã de cumprir a promessa feita a Beatriz, mas concluiu, por fim, que jamais falaria de tal promessa a Ana. A decisão tinha sido tomada por ele e não seria justo jogar tal infortúnio na pobre Beatriz, que já havia partido há tanto tempo.

Depois, recordou-se do dia em que reencontrou Ana e da felicidade imensa que sentiu.

Ao longo da vida foram tantos momentos compartilhados com Ana e um amor sufocado por muito tempo.

Após muito refletir, Tomás concluiu que já havia perdido Ana uma vez, e por mais que não concebesse a ideia, era inegável a constatação de que estava prestes a perdê-la novamente.

Mais uma vez ele conteve as lágrimas e não se permitiu chorar.

No outro dia, Ana despertou um pouco enjoada, mas acabou atribuindo o mal-estar à noite mal dormida. Levantou-se, preparou o café e esperou que Estela acordasse.

Elas tomaram o café juntas e Estela percebeu que Ana estava triste e abatida, mas Ana a tranquilizou falando que devia ser em razão do enjoo que estava sentindo por ter tido uma noite mal dormida.

Depois do café Ana resolveu se deitar um pouco na cama de Estela, mas acabou ficando o resto do dia por lá. Levantava apenas para ir ao banheiro e chegou a vomitar algumas vezes, mas acreditava que o estômago revirado era efeito da imensa tristeza que estava sentindo.

Repassava em mente os últimos instantes vividos com Tomás e sentia um abismo em seu coração ao recordar que o havia mandado se afastar.

Apesar dos problemas e do caráter dominador de Lúcio, Ana gostava da vida ao lado dele. Eles haviam construído um relacionamento seguro e estável ao longo dos anos. Além do mais, os sentimentos de Lúcio sempre foram claros, desde o dia em que se conheceram Ana se sentiu amada.

Já com Tomás tudo era instável. Ela passou uma vida amando-o e ele uma vida fugindo daquele amor.

Será que posso jogar fora quinze anos de casamento por um homem que somente há poucos dias resolveu reconhecer algum sentimento por mim? Será que conseguiria voltar a morar aqui e me readaptaria a vida simples do campo? Será que eu seria capaz de fazer Tomás feliz?

Os pensamentos de Ana a atormentavam e seu estômago revirava cada vez mais.

Um pouco antes do almoço falou com Lúcio ao telefone e ele lhe contou que só ficaria na Argentina mais alguns dias, pois já havia resolvido todos os assuntos pendentes.

Aquilo piorou ainda mais o estado de Ana. Agora não poderia tardar em tomar uma decisão.

Ao longo do dia foi aumentando demasiadamente sua angústia. Por mais que tivesse pedido a Tomás para que se afastasse, ela olhava no celular o tempo todo na esperança de que ele não cumprisse o combinado. Mas conhecia bem Tomás, ele não a procuraria mais.

Aquela decisão estava inteiramente em suas próprias mãos.

Quando já estava quase anoitecendo e depois de tomar vários chás feitos por Estela na tentativa de aliviar o mal-estar, Ana resolveu se levantar da cama. Tomou um banho e checou mais uma vez o celular, mas não havia nenhuma chamada de Tomás.

Ana convidou Estela para ir à igreja.

Pode ser bom dar uma saída para espairecer.

Elas chegaram à igreja, mas antes de se sentar no banco Ana sentiu tontura e teve que ser amparada por Estela.

— Minha filha, você não está bem. Precisa procurar um médico agora!

— Estela, não tem necessidade. Eu devo ter comido algo que não me fez bem ontem e como hoje não consegui colocar nada no estômago, estou me sentindo fraca. É só isso. Se até amanhã eu não melhorar procuro um médico. Prometo!

Ana estava creditando aquele mal-estar ao seu emocional, que estava em frangalhos. Estava desesperada de saudade de Tomás, mesmo tendo estado com ele no dia anterior.

Quando se recuperou da tontura, sentou-se no banco e rezou por um longo tempo.

Estela a observava de longe, percebendo o seu desespero e aflição. *Oh, meu Deus, o que está havendo com a minha Ana?*

Estela começou a se preocupar de verdade com ela. Pensou em ligar para Lúcio. Podia estar acontecendo algo além do que Ana havia revelado, mas desistiu da ideia ao pensar que acabaria piorando ainda mais a situação.

Quando as duas retornaram para casa, Ana foi direto para o banheiro e vomitou mais uma vez. Depois tomou um banho e sem comer nada se deitou no sofá. E mais uma vez recusou o convite de Estela para compartilharem a cama.

Durante a noite se sentiu fraca e o sentimento de desolação só aumentava. A vontade de ver Tomás e estar com ele a estava matando por dentro, mas nessa noite conseguiu dormir.

No outro dia cedo despertou se sentindo melhor do estômago, os enjoos haviam passado. Até se animou a fazer um café, mas o estômago revirou ao sentir o cheiro. Desistiu do café e fez um chá de camomila. Esse ela conseguiu tomar.

Já era hora do almoço e Ana ainda estava sem colocar nada no estômago. Estela, em desespero, pediu mais uma vez que ela procurasse um médico.

— Não, eu já estou bem melhor. Só não sinto vontade de comer nada e nem de me levantar do sofá.

Mais um dia e uma noite se passaram e a apatia de Ana continuava a mesma. E, para piorar, nada parava no estômago. Estela resolveu falar com Lúcio. Ligou no celular, mas estava fora de área.

Estela concluiu que Ana estava doente, mas que, acima de tudo, estava extremamente deprimida. Então resolveu ligar para Tomás. Eles tinham passado alguns momentos juntos depois do retornou de Ana para a cidade, talvez ele pudesse ajudar de alguma forma.

Ela ligou direto no celular de Tomás. Recorreu a sua caderneta e ligou do fixo, porque no próprio celular já havia desistido de tentar mexer.

— Oi, Tomás. Tudo bem, meu filho?

— Olá, Estela. Tudo bem. E por aí?

— As coisas aqui não estão muito bem. Depois daquela noite que jantamos juntos aqui em casa, Ana caiu em uma profunda depressão. Não levanta do sofá e sente tontura a todo o tempo. Não come há dois dias e quando come acaba por colocar tudo para fora. Nada para em seu estômago. Mas ela se recusa em procurar um médico.

— Liguei para Lúcio hoje, mas ele sequer está no Brasil. O telefone nem chamou, parece estar sem sinal. Estou sem saber o que fazer.

Tomás não sabia o que dizer a Estela. Havia prometido a Ana que não a procuraria mais e ele costumava cumprir suas promessas. Porém, compadeceu-se do desespero de Estela e, no fundo, era a desculpa perfeita para rever Ana, já que a iniciativa do encontro teria partido de Estela e não dele.

— Está bem. Vou até aí para ver se a convenço a procurar um médico.

Ele deixou a marcenaria e voltou para casa, tomou um banho rápido e trocou de roupa. Ele achou melhor levar um casaco, pois o frio estava castigando naquele dia.

Durante o caminho sentia uma tristeza profunda ao pensar no estado em que Ana se encontrava.

Estela falou em depressão, mas o que isso tem a ver com vômitos constantes? Ela vai ter que procurar um médico de qualquer maneira, nem que eu a leve à força.

Quando chegou, tocou a campainha e foi Estela que o recepcionou na porta. Ele entrou na sala e se deparou com Ana deitada no sofá. Estava coberta por uma manta pesada e notou que cochilava. Estela repetiu o que já havia contado ao telefone: que ela estava tonta, sem comer e vomitando sem parar.

Tomás pediu que Estela fosse até a cozinha para preparar um chá. Queria ficar sozinho com Ana. Estela percebeu a intenção de Tomás e se retirou da sala.

Aproximou-se e tocou de leve o braço de Ana, fazendo carinho com a ponta dos dedos. Ela foi despertando aos poucos até que acordou totalmente, deparando-se com ele ajoelhado ao seu lado no sofá.

— Oi, dorminhoca. Estela me ligou apavorada porque você está mal há dois dias, mas se recusa a procurar um médico.

— Ela não devia ter te ligado – Ana falou com uma voz extremamente aborrecida.

Tomás se levantou um pouco irritado e decidiu encurtar o assunto.

— Vamos, Ana, se levante. Eu vou te levar ao médico agora.

Ela mal acreditou no tom com que Tomás falou com ela. Dando-lhe uma ordem!

— Eu não vou a médico algum. Você sabe muito bem porque estou assim.

Tomás ouviu aquele argumento e ficou mais irritado ainda, então falou tentando controlar o tom de voz:

— Desde que você me mandou embora pedindo um tempo para pensar eu me sinto a pessoa mais triste do mundo. Nem sabia que era possível sentir algo tão profundo. Chega a ser uma dor física. Mas nem por isso vomito a cada segundo ou me recuso a me levantar da cama devido à tontura. Você está doente e não são nossos problemas que estão te fazendo ficar assim! Vamos, Ana, não aja como uma criança. Levante-se que vou acompanhá-la ao médico.

Ela virou o rosto e se cobriu com a manta.

Tomás perdeu a paciência de vez. Abaixou-se e a tomou no colo. Sentiu que estava ainda mais leve do que quando a tomara nos braços pela primeira vez.

— O que é isso! Me coloque no chão agora!

— Não, vou te dar um banho e te levar para o médico.

— Você enlouqueceu? Estela está aqui. O que vai pensar ao ouvi-lo falando que vai me dar um banho? Pare com isso, não piore as coisas.

— Tudo bem, Ana. Vou te colocar no chão e você vai para o banheiro com as próprias pernas. Tome banho, troque de roupa e vamos ao hospital.

Quando a colocou no chão, ela se desequilibrou, caindo em seus braços novamente. Não conseguia parar em pé. Ele a pegou no colo e desistiu do banho, concluiu que iriam para o médico imediatamente.

— Não, Tomás, por favor! Eu preciso de um banho antes de sair. Me leve ao banheiro.

Tomás não resistiu e beijou-lhe os lábios de leve. Ela suspirou e apoiou a testa contra a dele. Então ele se dirigiu ao banheiro, segurando-a no colo.

Estela viu toda essa cena parada na porta da cozinha, segurando o bule de chá, praticamente em estado de choque.

O que está acontecendo aqui, meu Deus?!

Tomás entrou com Ana no banheiro, olhou para trás, mas não viu Estela. Resolveu trancar a porta e ajudar Ana no banho. Sabia que Estela acharia aquilo impróprio, mas não estava preocupado em esconder nada dela.

Estela amava ele e Ana como se fossem seus filhos, e por isso ele tinha convicção de que uma hora ou outra ela apoiaria aquele amor.

Ana estava vestida com uma calça jeans larga e uma blusa justa. Tomás a ajudou a tirar a blusa e a calça. Ela mesma abaixou a calcinha, enquanto ele ligava o chuveiro.

Ele retirou a própria camiseta e a calça para não molharem, já que teria que levar Ana em seguida para o hospital. Dobrou-as e colocou dentro do armário. Ela se apoiou nele e entrou em baixo da água.

Ana ainda estava tonta. Ele mesmo a ensaboou e passou shampoo em seus cabelos. Apesar da fraqueza que sentia, ela estava com o coração inundado de ternura com o gesto carinhoso de Tomás.

Ele a sentou para que não se desequilibrasse, secou-a e depois se secou, colocando a roupa novamente. Saiu com ela, agora andando, mas apoiada em seu braço.

Ana estava com a toalha enrolada no corpo e ao sair do banheiro se deparou com Estela parada na porta, estática. Ana mal conseguiu olhar em seus olhos, passou direto para o quarto e começou a se vestir.

Tomás voltou para a sala e se sentou no sofá. Foi Estela quem ajudou Ana a colocar a roupa, mas elas não trocaram uma palavra sequer.

Os três foram juntos para o hospital. Tomás ficou na recepção preenchendo os papéis e Estela acompanhou Ana na emergência. O médico resolveu interná-la para tomar soro na veia, pois estava extremamente fraca. E vomitou mais uma vez durante o atendimento.

Estela voltou para a recepção enquanto o médico finalizava os procedimentos em Ana e a enfermeira colhia seu sangue para alguns exames.

Tomás estava lá sentado, sozinho, com uma expressão triste e preocupado.

Sem hesitar, Estela falou:

— O que está acontecendo entre vocês dois?

— Estela, não quero mentir para você e nem ficar inventando desculpas, mas acho que tem que falar com Ana primeiro.

— Eu estou falando com você e quero ouvir é de você e não dela.

Ele a encarou e sem rodeios falou:

— Eu amo Ana e a quero para o resto da vida. É isso que está acontecendo.

Ele foi muito direto, ela quase não acreditou no que ouviu.

— Mas que despropósito é esse? Ana está casada com Lúcio, fazia quinze anos que vocês não se viam e até onde eu saiba durante todo esse tempo vocês nem se falaram. Como que, de repente, surgiu um amor desses?

— Ora, Estela, por favor. Você sabe muito bem que esse sentimento não surgiu de uma hora para outra.

— Quando Ana partiu eu já a amava, só não queria admitir isso por diversos motivos: ela era muito nova, eu tinha sido namorado de Beatriz, não tinha uma condição financeira favorável, enfim, diversas imbecilidades que me afastaram dela por todos esses anos.

Tomás terminou de falar e se levantou do banco. Passou a mão pelos cabelos num gesto desesperado, apoiou as costas na parede e continuou a falar:

— Quanto a Ana, somente ela poderá explicar o que sente. A única coisa que você pode ter certeza é de que não foi um sentimento que surgiu na semana passada. Acredito, realmente, que ela sempre me amou.

Estela estava estarrecida. Primeiro por tudo que acabara de ouvir e, segundo, por ver o estado de desolação em que Tomás se encontrava. Por alguns segundos ela refletiu sobre a vida deles. Houve um tempo que Estela realmente desconfiara dos sentimentos de Ana. Lembrou-se de como ela sempre pedia para ver Tomás e de como ficava encantada na presença dele. No entanto, como eles nunca chegaram a ter nada além de amizade, Estela afastou essa desconfiança, e depois que Ana se casou com Lúcio nunca mais pensou no assunto.

Estela estava se sentindo um tanto estúpida por não ter percebido o que se passava no coração de Tomás e Ana. Poderia ter sido decisiva naquela situação, mas preferiu se omitir e seguir pelo caminho mais cômodo, que era o da negação.

— Tomás, você pode ficar aqui com Ana? – Estela falou de repente.

Ele mal acreditou no que ela estava pedindo.

— Claro que posso! Mas você não quer que eu vá embora? – falou, meio desconcertado.

— Não. Você fica! Afinal, ela certamente preferirá a sua companhia, meu filho!

Estela já havia recuperado toda a ternura, e prosseguiu:

— Eu vou para casa organizar tudo para a volta de Ana. E preciso também colocar as ideias no lugar, são muitas informações. Perdoe-me por não ter tido mais sensibilidade para perceber tudo o que se passava.

Tomás ficou emocionado com as palavras de Estela, aproximou-se e a abraçou com profundo afeto.

— Eu não tenho que te perdoar por nada. A culpa disso tudo é da minha profunda estupidez.

— Meu filho, você pode ter cometido erros como qualquer pessoa comete, mas estúpido você jamais foi ou será. É uma pessoa maravilhosa e merece ser feliz!

Estela apertou as mãos de Tomás e se virou, saindo da recepção do hospital.

Ele se sentou no banco novamente, puxou o fôlego e deu até um leve sorriso. Estava satisfeito porque ao menos Estela parecia ter entendido a situação e a opinião dela era essencial.

Depois de uma hora a enfermeira chamou pela pessoa que iria acompanhar Ana. Ele se apresentou como responsável e a enfermeira o guiou até o quarto. Chegou apreensivo, mas notou que Ana estava acordada e já estava bem mais corada.

Tomás perguntou à enfermeira se já tinham os resultados dos exames. Ela informou que seria necessário aguardar o médico, mas acabou por acalmá-lo informando que não parecia ser nada grave. Em seguida, retirou-se do quarto.

Ele se voltou para Ana, que estava serena.

— Já estou me sentindo bem melhor! Devo estar com alguma infecção estomacal e isso, associado ao meu estado emocional, acabou por me derrubar.

— Sinto muito por ter contribuído para o seu mal-estar – disse Tomás.

De repente, Ana lhe perguntou de forma engraçada:

— Tomás, você sabe que estou com 32 anos, não sabe?

Ele sorriu.

— Pelas minhas contas, se você está com 32 anos, eu estou com 43, praticamente um idoso – Ele continuou a sorrir de forma graciosa.

— Tomás, a conclusão a que quero chegar não é sobre sua velhice. – Dessa vez foi Ana quem abriu o sorriso.

— O que estou tentando lhe falar é que estou com 32 anos e amo você perdidamente desde que tinha 10 anos de idade. – Ela parou de sorrir e assumiu um ar sério e até triste, mas prosseguiu:

— Quando criança, obviamente, eu não entendia a profundidade desse sentimento. Só fui ter uma ideia real já na juventude, um pouco depois do falecimento da minha mãe. O fato é que esse amor me acompanhou por toda a vida. É claro que pela distância que nos impusemos ele ficou adormecido, mas agora, depois do que vivenciamos nos últimos dias eu... Eu não consigo mais imaginar minha vida longe de você. Antes eu já sentia que faltava um pedaço de mim, nunca me senti inteira, completa. Agora eu tenho certeza, o pedaço que faltava era você.

Ana deixou uma lágrima escorrer, ele se abaixou, beijou-lhe o rosto e secou a lágrima com o dorso da mão.

Tomás ficou por alguns minutos olhando-a sem nada dizer. Então, apenas falou:

— Ana, você é tudo para mim!

Ela se sentou e eles se abraçaram de maneira profunda e terna. Sentiam que nada mais precisava ser dito, seus caminhos haviam se cruzado novamente e nada mais seria capaz de separá-los.

Minutos depois o médico entrou no quarto e o destino, mais uma vez, apresentou-se implacável.

PARTE 6

OUTRA FORMA DE AMOR

A cidade de São Paulo estava quente e abafada, o que só fazia aumentar ainda mais o desconforto de Ana.

Ela estava envolvida com a obra em casa. Havia aberto mão de ser auxiliada por uma decoradora, fazia questão de escolher pessoalmente cada detalhe do quarto.

Naquela semana os armários estavam sendo finalizados e na semana seguinte seria instalado um belo papel parede de cor lilás com borboletas amarelas.

No quarto ao lado estavam instalando uma TV plasma de sessenta polegadas, mais uma das excentricidades de Lúcio. A menina ainda estava no ventre da mãe, mas já nasceria com um quarto enorme totalmente para ela e, ao lado, um quarto anexo só para brinquedos já com uma TV gigante instalada.

Ana estava entrando nas últimas semanas de gestação, sentia-se enorme e cansada mesmo não tendo ganhado muito peso durante a gravidez.

Apesar do desconforto, ainda assim se sentia bem melhor do que no início, quando passou sessenta dias praticamente de cama, vomitando sem parar. Chegou a perder diversos quilos naquele período, tendo que recorrer a um acompanhamento nutricional para repor os quilos perdidos e não prejudicar a bebê. Sentia até um frio na espinha ao se recordar de como havia passado mal no início da gravidez e do medo que sentiu de não conseguir segurar a sua pequena joia. Mas agora estava bem e aquele serzinho crescia em seu ventre saudável e em perfeito desenvolvimento.

Ana havia encomendado um quadro fofo para colocar no quarto da maternidade. No quadrinho estava gravado o nome: Leila.

Há poucos meses finalizara a obra no escritório de advocacia e associada com mais duas amigas estavam tocando os trabalhos a todo vapor. Mas naqueles dias, como estava próximo à data esperada para o parto, já havia interrompido as idas ao escritório. O desconforto estava grande e ainda estava envolvida com os últimos detalhes do quarto e do enxoval de Leila.

Lúcio estava viajando para o Mato Grosso, mas não tardaria a voltar. O parto de Ana se daria em mais algumas semanas e ele, certamente, estaria presente.

Ana estava mais ansiosa que o normal porque naquele dia Estela estaria chegando de Santa Catarina para acompanhá-la até o dia do parto, e ainda ficaria mais algum tempo após o nascimento.

O motorista de Lúcio buscou Estela na rodoviária. Ana já havia desistido de fazê-la superar seu pânico de avião. Ela chegou por volta da hora do almoço e Ana a esperava com uma bela refeição, pratos da culinária alemã, para o deleite de Estela.

— Minha filha, que saudade! – Estela a abraçou com afetuosidade.

Ana estava extremamente sensível naquela reta final de gestação. Só de ver Estela seus olhos já se encheram de lágrimas e ao abraçá-la não conteve o choro.

Estela se acomodou no quarto de visitas. Depois almoçaram juntas e, em seguida, Ana a levou para conhecer o quarto de Leila. Após um tempo, Ela se retirou para descansar e Estela também partiu para o repouso, exausta da viagem.

Na semana seguinte, Ana finalizou os últimos detalhes do quarto. O enxoval já estava todo lavado e passado. As malinhas da maternidade já haviam sido montadas, apesar de que ainda demoraria mais duas semanas para o parto. Estela até riu de Ana por tamanha ansiedade.

A essa altura Lúcio já estava em casa, mas passava o dia fora, trabalhando no escritório.

Mais uma semana transcorreu de forma lenta. Ana sentia dores fortes nas costas e as pernas estavam inchadas. Havia decidido tentar o parto normal e passava praticamente o dia lendo livros sobre o assunto.

Em uma tarde chuvosa, faltando poucos dias para o parto, Ana estava no quarto com os pés para cima, apoiados sobre um amontoado de almofadas; o inchaço estava irritante e doloroso. Havia terminado uma leitura sobre partos normais e, então, ouviu Estela batendo à porta.

— Entre. Eu estou aqui, com os pés para cima. Esse inchaço está me matando hoje.

Estela entrou e serviu um pouco de chá de maçã a Ana, e ficou curiosa quanto ao livro que repousava em cima do criado-mudo. Pegou-o e começou a folhear as páginas.

Elas não conversaram mais e Estela acabou absorvida pela leitura. De repente, escutou Ana falar baixinho, com uma voz embargada pela emoção.

— Como ele está?

Estela continuou com os olhos fixos no livro, mas sabia perfeitamente do que ela falava.

Desde a sua chegada Ana não tinha mencionado o nome dele e nem mesmo abordado qualquer assunto que fizesse menção aos dias que antecederam a descoberta da gravidez.

Estela devolveu o livro ao criado-mudo e segurou a mão direita de Ana com extrema ternura, acariciando a pele com os dedos.

Ela olhou fixo para Ana e percebeu um olhar melancólico.

— Minha filha, ele está bem. Vai ficar bem, como sempre ficou. Tudo transcorreu como deveria ser. Você tomou a decisão certa.

— Eu não tomei decisão alguma, Estela. Quem tomou foi ele, mais uma vez – Ana falou com a voz triste.

Estela não compreendeu o que Ana queria dizer com aquilo, mas, então, ela se calou e afundou a cabeça ainda mais no travesseiro. Estela decidiu não perguntar nada. Prolongar o assunto não mudaria a realidade e só traria mais sofrimento.

Minutos depois, Ana adormeceu.

Em uma manhã chuvosa Ana acordou sentindo muitas dores. Lúcio ainda estava dormindo ao seu lado quando a sentiu cutucar suas costas.

— Lúcio, acorde! Estou sentindo muita dor no pé da barriga.

Ele acordou um pouco assustado e a ajudou a se sentar na cama. Quando ela se levantou sentiu um líquido quente escorrer pelas pernas. A bolsa havia rompido.

Em pouco tempo chegaram ao hospital. Ana teve um trabalho de parto doloroso e demorado, Estela e Lúcio a acompanharam no quarto.

Doze horas depois Leila veio ao mundo, saudável e bela!

Os dias que se seguiram foram cansativos, mas incrivelmente felizes!

Lúcio estava extasiado de entusiasmo com a filha. Chegava até a trocar as fraldas em determinados momentos. Todo o tempo ficava checando sua respiração e havia colocado o berço da menina no quarto do casal para que pudessem velar o sono da pequena durante a noite.

Aquela dedicação de Lúcio comovia Ana e a levava por caminhos do inconsciente que a atormentavam de culpa, mas os cuidados com Leila a absorviam tanto que a culpa, a dor e até mesmo a frustração eram substituídas pelo amor.

Nos primeiros meses de vida de Leila, Ana não aceitou a ajuda de babá ou de qualquer estranho. Insistiu em cuidar da menina sozinha. Somente Lúcio e Estela, enquanto esteve por perto, tiveram acesso a Leila.

Quando Leila completou três meses de vida, Estela retornou a Santa Catarina. Sabia que sentiria uma saudade avassaladora de Leila, pois havia se afeiçoado à menina profundamente, mas já estava há muito tempo longe de casa e detestava aquela vida agitada de São Paulo. Precisava voltar a sua rotina.

Estela sempre retornava a São Paulo nos aniversários de Leila e a menina a chamava de vovó. Aquilo lhe enchia o coração de ternura.

***

Leila já ia fazer 4 anos, era esperta e travessa. Àquela altura, Ana já havia retomado o trabalho no escritório de advocacia e contratado uma babá para ajudá-la com os cuidados da filha. Lúcio ainda mantinha sua rotina de viagens, mas evitava permanecer muitos dias seguidos fora de casa. Não conseguia se afastar por muito tempo de Leila.

Ana estava finalizando os preparativos para a festa de aniversário de Leila e Lúcio fizera questão de convidar dezenas de pessoas. Ana achava um exagero para uma simples festa infantil, mas, para Lúcio, tudo que envolvia Leila devia ser rodeado de luxo e ostentação.

Ana temia que a menina estivesse sendo extremamente mimada, mas com Lúcio não adiantava discutir. Leila era sua princesinha encantada, como ele mesmo sempre repetia, e o mundo lhe seria servido de bandeja.

Estela havia ligado para Ana informando que estava com uns problemas para resolver e que não poderia se ausentar, mas se recusou a adiantar o assunto por telefone. Avisou apenas que havia trocado a passagem e que só chegaria a São Paulo no dia da festa de aniversário de Leila.

Ana ficou preocupada, mas a festa se tornou um evento de tamanha grandiosidade que não havia espaço para sequer pensar nisso. Resolveu apenas torcer para que Estela chegasse a tempo. Estela chegou com a festa já em andamento e a casa estava repleta de pessoas.

Haviam montado um tablado no jardim e contratado um grupo de teatro infantil e uma equipe de animação para entreter as crianças, fora o aluguel de diversos brinquedos: escorregadores infláveis, pula-pula, balanços etc.

Ana andava de um lado para o outro, ora recepcionando os convidados, ora administrando os detalhes da festa, dando ordens na cozinha, supervisionando a equipe que servia as comidas e bebidas e outros tantos afazeres, mas, no geral, tudo parecia correr bem e a festa em comemoração aos 4 anos da pequena Leila havia se transformado em um evento da alta sociedade paulista, como desejava Lúcio, afinal.

Quando Ana avistou Estela até estremeceu. Por um momento chegou a pensar que ela não chegaria a tempo. Leila descia no escorregador inflável quando a avistou de longe, desceu e correu para os seus braços, com gritinhos carinhosos.

— Vovó! Vovó! Hoje é meu aniversário e você veio!

Estela a abraçou com grande ternura e lhe entregou um presentinho. Havia feito uma boneca de pano para a menina, uma bonequinha delicada, com os olhinhos pintados de verde e os cabelinhos dourados. Fez com que a boneca se assemelhasse à própria Leila.

Leila tinha tantos brinquedos, mas jamais havia ganhado uma boneca de pano, Ana pensou.

Para a decepção de Ana, a menina balançou a boneca de um lado para o outro e perguntou, ingenuamente, o que a boneca fazia:

— Vovó, essa boneca fala? Dança? O que ela faz de interessante?

Estela a abraçou com ternura e explicou que aquela boneca havia sido feita por ela mesma.

— Minha princesa, a vovó utilizou algodão cru, tecido, um novelo de lã, tinta preta, verde e vermelha para fazer o rostinho, agulha, fita e cola. Essa bonequinha não fala, não anda e não canta, mas se você quiser podemos fazer juntas outra bonequinha e, assim, ela terá uma irmãzinha, mas feita por você! Então, o que acha?

Os olhos da menina brilharam com a possibilidade de ela mesma confeccionar uma bonequinha, e mais ainda porque seriam irmãs, e Leila tinha o sonho, nem tão secreto, de ganhar uma irmãzinha.

De uma hora para a outra aquela bonequinha de pano se transformou no presente mais querido que a menina ganhara.

— Podemos fazer agora, vovó? – Leila falou com a urgência típica das crianças.

— Oh, não, amor. Agora você precisa dar atenção aos seus convidados. Vovó promete que ficará mais alguns dias e nesse tempo faremos a irmãzinha de sua boneca.

Leila correu de volta para o escorregador, pensando em qual nome daria à boneca que acabara de ganhar e já traçando em sua mente travessa como seria a outra boneca, a que ela faria com as próprias mãos.

Ana acomodou Estela na mesa da família de Lúcio. O velho e arrogante Carlos Venâncio havia vindo dos EUA para o aniversário da neta. Por mais inacreditável que pudesse parecer, até ele havia se rendido aos encantos de Leila.

Érika, mãe de Lúcio, também estava na festa. Apesar da separação, ela e Carlos guardavam uma convivência relativamente harmoniosa, ao menos educada. Além disso, já estavam divorciados havia tantos anos que já não sofriam mais as agruras de uma separação. Eles e mais dois casais fizeram companhia a Estela à mesa.

A festa transcorreu sem qualquer percalço. Já era noite quando Ana chamou os convidados para cantarem os parabéns. Lúcio fez um longo discurso ao microfone e Ana se absteve de falar. Pensou que as pessoas já estivessem cansadas de ficar em pé, aguardando os parabéns.

Depois que cortaram o bolo e distribuíram os doces, os convidados começaram a se dispersar e Ana teve, enfim, um momento de descontração. Aproximou-se de Estela e começaram a conversar.

Ana perguntou o que tinha ocorrido para que Estela alterasse a data da viagem. Estela a olhou de forma furtiva, tentando mudar de assunto. Ana percebeu o desconcerto dela e, então, perguntou com mais veemência:

— O que houve afinal, Estela?

Neste instante elas estavam sozinhas na mesa. Lúcio ainda conversava animadamente com uma turma de amigos do outro lado do jardim e seus pais já haviam se retirado para descansarem. Estela não teve mais como fugir do assunto.

— Ana, poucos dias depois que você comprou a passagem confirmando a data da festa ocorreu... ham... ocorreu...

A forma como Estela titubeava ao falar começou a fazer com que Ana revirasse as entranhas.

— Ocorreu um acidente com Tomás – por fim ela falou, e Ana sentiu que o sangue parou de correr em suas veias.

— Que tipo de acidente?

— Pegou um trabalho em Florianópolis, e aconteceu quando já estavam retornando de lá. Ele e mais um funcionário voltavam à noite, estavam agoniados para chegarem em casa, pois já fazia muitos dias que estavam fora.

— Estela, por favor, fale o que interessa!

— Tomás estava na direção. O caminhão derrapou na pista e tombou. Ao que parece, um animal entrou na frente e ao tentar desviar... O funcionário que o acompanhava foi arremessado para fora do veículo e morreu na mesma hora. Tomás estava com o cinto de segurança e isso salvou sua vida, mas ele sofreu um traumatismo craniano grave, quebrou duas costelas e fraturou a perna direita. Ficou internado na UTI por uma semana, mas no final desse período recuperou a consciência e parece que não ficará com nenhuma sequela, graças a Deus!

— Tomás ficou internado em uma UTI por uma semana e você não me falou nada? – Ana estava perplexa.

— O que você poderia fazer, minha filha? Eu o acompanhei durante todo o processo. Ele ainda está no hospital, mas a qualquer momento receberá alta. Ele está bem!

— Estela, você não devia ter deixado ele lá sozinho! – falou Ana, com a voz embargada pelo desespero.

— Foi Tomás quem fez questão que eu viesse. Ele sabe que nunca faltei a um aniversário de Leila. Ele está totalmente consciente. Tudo vai ficar bem.

Ana estava desorientada. Olhou em volta e avistou Leila ainda brincando, com a energia intacta. Ao lado dela estava a babá, que a acompanhara durante toda a festa e que iria passar a noite na casa.

Ela olhou com ternura para Leila. Levantou-se, deixando Estela sentada sozinha à mesa, então se aproximou da filha e a abraçou, cheirando seus cabelos. Deu um comando à babá, pedindo para que ela recolhesse a menina, desse um banho nela e a colocasse para dormir. Então se virou e, sem se despedir dos convidados que ainda restavam, partiu para o próprio quarto, entrou no banheiro, ligou o chuveiro, sentou-se no chão deixando a água escorrer por seu corpo cansado e desatou a chorar.

Lúcio, que ainda estava no jardim todo empolgado, sequer notou que Ana se ausentara da festa, até porque já estava no final do evento e ele ainda dava atenção a alguns amigos, que continuavam a beber *whisky* e a tagarelar assuntos insignificantes.

Enquanto a água escorria pela sua face, Ana começou a recordar dos momentos que teve com Tomás, quatro anos antes, especialmente dos acontecimentos que se sucederam depois da descoberta da gravidez. Tudo lhe veio à memória, como se estivesse assistindo a um filme. O filme da sua própria vida.

Naquele dia, no hospital, quando o médico informou o resultado do exame de sangue confirmando a gravidez, Ana ficou tão perplexa com a notícia que teve até ânsia de vômito. Tomás estava sentado na cama com ela, já que poucos segundos antes estavam abraçados de forma contemplativa. Ele se levantou em um rompante e segurou a testa de Ana, mas o soro acabou evitando que ela vomitasse.

Em seguida, o médico encaminhou Ana até uma sala, onde fez um ultrassom. Naquele instante teve a confirmação do que já desconfiava: não tinha como o filho ser de Tomás. Estava entrando na nona semana de gestação, ou seja, em torno de dois meses de gravidez. O bebê era de Lúcio.

Por alguns minutos ficou em choque. Repassou os últimos dias em que havia estado com Lúcio e concluiu que já estava grávida antes mesmo da viagem à Alemanha. Ela demorou um pouco para se recordar que o último teste de gravidez que havia feito tinha sido de farmácia, não havia feito teste de sangue ou urina, o que era o recomendado. Culpou-se por sua estupidez, afinal, estava em pleno tratamento hormonal. E falsos negativos em exames de farmácia podem facilmente ocorrer.

Lúcio havia decidido viajar de forma abrupta para a Alemanha e ela acabou negligenciando os exames, fazendo de forma atropelada um teste de farmácia, agora sabendo que muito cedo, o que colaborou para o falso negativo.

Tudo isso passou pela cabeça de Ana em segundos e, de repente, enquanto se afundava em reflexões sobre como havia engravidado, algo aconteceu que a fez sentir como se saísse do próprio corpo: Ana escutou pela primeira vez as batidas do coraçãozinho do bebê e, nesse instante, começou a chorar. Do pânico foi ao amor absoluto!

Tomás a esperava retornar da sala de exames. Estava afundado em uma poltrona com a cabeça apoiada nas mãos. Quando ela entrou no quarto não pôde deixar de perceber o quanto ele parecia desolado.

O médico fez menção em parabenizá-lo, pensando que fosse o pai da criança, mas Ana anteviu a situação constrangedora e o interrompeu antes mesmo que ele falasse qualquer coisa.

— Ele não é o pai, doutor. Meu marido está fora do Brasil e Tomás é um amigo antigo que está me acompanhando.

Assim que o médico saiu do quarto, Tomás a olhou de forma cortante.

— Não tem a mínima chance de esse bebê ser meu, tem?

— Não. Pelo período gestacional eu estou grávida de Lúcio. A gravidez está adiantada, por isso estou me sentindo tão mal.

Ele ficou olhando atônito para Ana por alguns segundos, mas, em seguida, falou com voz terna:

— Enfim, você vai realizar o seu maior sonho, Ana, o de ser mãe!

Ana se deitou na cama. Tomás saiu do quarto e ligou para Estela. Minutos depois, Estela chegou ao hospital e Tomás voltou para o sítio.

Ela ficou dois dias internada. Assim que saiu do hospital, mal passou na casa de Estela, tomou um banho e partiu direto para o sítio de Tomás. Desde a notícia da gravidez ele nunca mais a havia procurado.

Tomás abriu a porta da casa ao tocar da campainha. Estranhamente, mesmo sendo de tarde, ele estava em casa e não na marcenaria.

Rapidamente, Ana o analisou: a barba por fazer, algo que era raro, o cabelo todo despenteado e a roupa amarrotada. Ainda assim estava extremamente sensual, não deixava de ser atraente nem nos momentos mais desleixados.

Ele ficou parado na porta, fitando-a, parecendo estar de frente a uma miragem.

— Você não vai me deixar entrar? – Ana perguntou, temendo ouvir um "não" como resposta.

— Claro, entre! Como você está? Recebeu alta agora? – Ele saiu fazendo perguntas de forma atrapalhada.

— Saí tem pouco tempo. Passei em casa, tomei um banho e vim direto para cá. Por que você não voltou ao hospital? Nem me ligou? – Ana disse de forma abrupta, parada, em pé, no meio da sala, com os olhos cravados nos dele.

Ele deu um suspiro profundo, foi até ela, segurou suas mãos, conduziu-a até o sofá e a sentou.

Tomás, por sua vez, sentou-se na poltrona que ficava de frente ao sofá, separado por uma mesa de centro. Distante dela propositalmente.

— Ana, eu não vou ficar de rodeios aqui, já passamos dessa fase, certo?

Ela nada respondeu.

— Você está grávida do seu marido. Eu... Eu preciso me afastar de você. Eu não quero te destruir. Tudo foi só um devaneio, afinal.

— Então é você quem decide isso, sozinho? – ela perguntou, de modo amargurado.

— Você vai construir uma família agora e eu sou só um fodido solitário. Eu não quero te persuadir a ficar. Você precisa retomar sua vida longe de mim.

Ele se levantou e se dirigiu à janela, olhando para fora com um olhar perdido e distante. Passou as mãos pelos cabelos em um gesto de total desalento.

Ana começou a verter lágrimas de forma incontrolável. *Ele a estava mandando embora? E todas as juras de amor? E toda a paixão compartilhada naqueles dias? Tudo desvanecido no tempo?*

— Você odeia essa criança por ser de outro homem, é isso? Não conseguiria criar o filho de outro? – ela falou aos soluços.

Ele permaneceu de costas para ela, ainda olhando para a janela. Fez uma negativa com a cabeça, como se não acreditasse no que ouvia.

— Ana, você realmente pensa isso de mim? Eu já amo essa criança só de ela ser um pedacinho seu! – Tomás falou de forma calma, permanecendo de costas, e prosseguiu:

— Mas precisamos ser realistas, o que vivemos aqui não vai apagar toda a sua história com Lúcio e, agora, laureada por um filho. *Ah, um filho. Pelo amor de Deus, não tem nada mais sagrado do que isso.*

Tomás estava desolado e enquanto falava segurava um desejo quase que incontrolável de pular sobre ela e beijar-lhe as lágrimas, tomando aquela boca com paixão. Mas se manteve firme.

Ana levantou e o agarrou pelas costas, pressionando o corpo contra o dele. Apoiou-se nas pontas dos pés e fungou em sua nuca, desatando a falar as coisas mais absurdas que poderiam ser ditas.

— Lúcio não precisa saber. Eu volto para São Paulo, me separo dele e esse filho será nosso, meu e seu! Vamos nos casar, seremos um do outro e proporcionaremos a esse bebê o lar mais completo e repleto de amor que o mundo já ouviu falar!

Tomás estava perplexo. Desvencilhou-se dela, como que querendo fazê-la perceber o absurdo daquela proposta. Aquela não era Ana falando, aquela era a voz do desespero. Ele precisava chamá-la à razão.

— Ana, eu a amo demais para permitir que você cometa um desatino desses.

— Você estava doente só de estar fazendo sexo com um homem a milhares de quilômetros de distância do seu marido, algo que ele jamais descobriria. Imagina como você se sentiria ao ter que sustentar uma mentira dessas? Esconder de um homem o bem maior que se pode ter neste mundo, um filho? Você não é assim, meu amor. Você é uma criatura de alma justa e bela! Eu te conheço, Ana. Te conheço mais do que qualquer coisa nesta vida!

Tomás proferiu todas essas palavras com uma ternura avassaladora.

Ana estava inconformada.

— Então eu me separo dele, tenho o bebê e venho viver com você. Ele visitará a criança, como diversos casais separados fazem no mundo. Pronto! Tudo estará resolvido. Quantas pessoas neste mundo não são separadas? Estamos no século XXI, pelo amor de Deus. O que interessa hoje é ser feliz!

Ana falava tudo isso sem acreditar em uma única palavra do que ela mesma estava dizendo e Tomás sabia perfeitamente disso.

— Ana, vá embora! Vá ter seu filho com Lúcio.

Tomás falou de forma definitiva.

Ana sentiu o coração disparar e, de repente, veio uma ânsia de vômito incontrolável. Correu para o banheiro, levando a mão à boca. Tomás entrou em seguida, segurou sua testa, juntando seus cabelos, e ela vomitou tudo o que havia comido no dia.

Minutos depois ela se levantou, foi a pia, lavou o rosto, fez um bochecho, e olhando para ele de forma fulminante falou:

— Você está mais uma vez me mandando embora. Não acredita no tamanho do amor que sinto por você, não é? E pior, não sabe ao certo mensurar o tamanho do amor que sente por mim!

Tomás ficou mortificado com aquelas palavras.

— Ana, eu te amo profundamente, mas você é casada há quinze anos e agora espera um filho do seu marido. Pedir para você ficar seria a atitude mais egoísta que eu poderia ter nesta vida.

Ele saiu do banheiro e a esperou na sala. Assim que ela adentrou no cômodo, ele falou de forma enfática:

— Eu vou te esperar, nunca mais terei outra mulher. Mas você precisa contar a Lúcio sobre a gravidez, e se você resolver se separar dele e voltar depois disso, eu estarei aqui de braços abertos, a amarei de forma devota até os últimos dias da minha vida. E já amo essa criança como sendo uma extensão de você. Quem sabe um dia estaremos juntos novamente. Quem sabe um dia!

Tomás se virou e saiu da casa. De repente, veio-lhe a imagem de quinze anos antes quando ali, naquela mesma sala, ele a havia mandado embora, selando para sempre seus destinos.

Ana saiu com o estômago ainda revirado, entrou no carro meio desorientada e assim que chegou à casa de Estela arrumou as malas em um rompante. Vomitou diversas vezes e nem ao menos conseguia explicar a Estela o que havia acontecido. Comprou a passagem de volta a São Paulo pelo celular.

Ela teria que descer a serra até Florianópolis para devolver o carro que havia alugado, mas seu estado era crítico, vomitava sem parar. Estela foi guiando o carro até Florianópolis e depois voltaria à cidade de ônibus.

Quando Ana chegou a São Paulo, sequer conseguiu chegar em casa, foi direto para o hospital. Ligou para Lúcio e assim que ele chegou Ana lhe falou da gravidez.

Lúcio nunca havia se interessado muito pela paternidade, mas agora, diante do fato consumado, foi inundado por um sentimento de amor e alegria que não conseguia descrever. Daquele dia em diante, ele se pôs de forma incansável ao lado de Ana.

Nos sessenta dias que se seguiram ela passou sentindo náuseas e uma fraqueza descomunal. Lúcio cuidava de Ana com extrema devoção e no decorrer dos meses passou a conversar com sua barriga, como se a criança pudesse escutar a voz do pai e reagir a ela. E Ana realmente acreditava que aquilo acontecia.

No dia que descobriram o sexo da bebê, Ana percebeu que os olhos de Lúcio marejaram.

— Eu sempre quis ter uma princesinha. Espero, sinceramente, que puxe a beleza da mãe – Lúcio falou com extrema ternura.

Então, Ana conviveu apenas com um sentimento de culpa e afogou as saudades que sentia de Tomás.

No final das contas, Tomás estava certo. Ela não conseguiria fugir daquele compromisso, daquele casamento. Agora tinha uma família formada por ela, Leila e Lúcio. Ali não havia espaço para Tomás.

Ana piscou mais uma vez, com os cabelos encharcados. Estava há quase uma hora sentada no chão do banheiro, debaixo do chuveiro, debulhando-se em lágrimas e completamente perdida em recordações. E, de repente, as últimas palavras de Tomás reverberaram em seus ouvidos:

— *Quem sabe um dia estaremos juntos novamente. Quem sabe um dia!*

Então, levantou-se, desligou o chuveiro, enrolou uma toalha nos cabelos e outra no corpo, e olhou para o espelho encarando sua própria alma. E de forma confiante falou em voz alta, como se estive completando a frase de Tomás:

— Penso que o dia de estarmos juntos novamente chegou!

Ela saiu do banheiro com uma decisão tomada.

PARTE 7

DESTINO

Lúcio entrou no quarto meio tonto, havia bebido muito *whisky*. Já era alta madrugada e ainda sentia a euforia da festa. Olhou para a cama e percebeu que Ana dormia profundamente. Sentiu uma pontada de frustração.

Desde a gravidez o relacionamento deles havia esfriado. No início Lúcio atribuiu à gestação problemática, pois Ana passara muito mal e teve que guardar repouso por um longo tempo. Depois do nascimento de Leila resolveu atribuir o distanciamento dos dois à entrada da filha em suas vidas. Sabidamente, um bebê consome integralmente a energia de todos que estão a sua volta.

Mas agora, mesmo depois de anos do nascimento de Leila, era nítido o desinteresse de Ana e, ainda que de forma inconsciente, ela o repelia. O fato era que já fazia meses que não tinham qualquer relação sexual. Ana se apresentava cada dia mais distante e aquela frieza era altamente desestimulante.

Lúcio pensou em acordá-la para tentar, de alguma forma, excitá-la e, por fim, fazerem sexo. Ele sentia muita falta da intimidade com Ana, mas acabou por afastar a ideia ao se lembrar do seu olhar de desdenho e de sua extrema frigidez.

Vou ganhar mais tomando uma chuveirada fria e caindo na cama para dormir. Acabou por refletir decepcionado.

Antes de entrar no banheiro notou que sobre a *chaise* que ficava no canto esquerdo do quarto havia uma pequena mala preparada.

Aproximou-se da mala e percebeu que eram roupas de Ana.

— Ana vai viajar? – falou consigo mesmo.

Mas não me disse nada? Será que está pensando em levar Leila?

Antes que se perdesse em conjecturas, o cansaço caiu sobre seus ombros, então resolveu tomar um banho e esclarecer as dúvidas no outro dia.

Ana despertou cedo. Percebeu que Lúcio dormia ao seu lado na cama e recordou-se que não havia notado quando ele subiu para o quarto, pois, como já vinha fazendo nos últimos tempos, não o esperara para dormir.

Finalizou a organização da mala. Pegou roupas suficientes para ao menos uma semana, apesar de não saber ao certo quanto tempo ficaria.

Ana cogitou falar a verdade para Lúcio. Ensaiou diversas vezes em frente ao espelho do banheiro. Iria lhe falar sobre Tomás e acabar definitivamente com aquela farsa de casamento perfeito.

Será que Lúcio ao menos se recorda de Tomás? Ela estava apavorada.

Quando saiu do banheiro se deparou com Lúcio desperto, já sentado na cama. Ana estremeceu ao encará-lo.

— Posso saber para onde você vai? Resolve viajar e nem me comunica?

— Pode falar ao menos um "bom dia" antes do interrogatório? – Ana contra-atacou mesmo sem querer.

Lúcio recuou ao notar a indignação na voz de Ana e acabou por dar um "bom dia" muito a contragosto.

Ana estava com a pulsação acelerada, todo o ensaio de minutos antes em frente ao espelho do banheiro desvaneceu-se no ar. Abriu a boca e a saliva secou.

Oh, meu Deus, isso será bem mais difícil do que eu poderia imaginar.

No final das contas nada falou, apenas inventou uma desculpa, empurrando a situação para o abismo mais uma vez.

— Eu... Eu vou viajar a trabalho. O escritório está pleiteando a assessoria de uma importadora do Rio Janeiro e estou indo para lá para tentar fechar o contrato.

— Rio de Janeiro? Mas todos os seus clientes são de São Paulo. Que novidade é essa? – Lúcio estava incomodado e desconfiado.

— Estamos tentando aumentar a carteira de clientes. Essa é a novidade. Conseguimos o contato através de uma indicação de um dos nossos melhores clientes. Não posso perder a oportunidade.

A conversa com Lúcio prosseguiu de forma tensa por mais um tempo. Ana finalizou o assunto com a desculpa de que Estela iria permanecer em São Paulo durante sua ausência e que iria ajudá-lo com os cuidados com Leila.

Lúcio não precisava de qualquer auxílio, já que tinham a babá e a funcionária estava muito bem adaptada à rotina da casa e da criança, mas resolveu não mencionar o fato, pois não queria encomprida a discussão.

Ana saiu do quarto com o coração ainda acelerado. Detestava mentir, mas o fato era que desde o caso com Tomás há quatro anos sua vida havia se transformado em um mar de mentiras, e para sua profunda tristeza aquela era só mais uma dentre várias.

Lúcio permaneceu no quarto, sentado na cama, refletindo sobre a conversa. Estranhou o fato de Ana viajar e se afastar de Leila e, ainda por cima, de se ausentar de São Paulo justamente nos dias da visita de Estela.

De qualquer forma, resolveu deixar o assunto passar, afinal, ele mesmo viajava tanto a trabalho que não conseguia perceber uma grande anormalidade na viagem de Ana, ainda que tivesse surgido de forma tão repentina.

A conversa com Estela também foi difícil, mas diferentemente do que havia mentido e omitido a Lúcio, para Estela Ana falou a verdade, que estava indo para Santa Catarina ver Tomás. Estela ficou indignada com a atitude de Ana, mas resolveu abster-se de criticá-la, apesar de estar convicta de que a decisão traria consequências catastróficas.

Ana se despediu de Leila com lágrimas nos olhos. Nunca havia se afastado da filha desde o nascimento. Mesmo assim, firmou a posição, abraçou a filha fortemente, deixou algumas orientações à babá e no mesmo dia embarcou para Santa Catarina.

Chegou à cidade no início da tarde. A temperatura estava amena. Sentiu aquela mesma sensação de outrora; o reconhecimento, a interseção profunda com suas raízes. Estar em sua cidade natal lhe provocava um grande contentamento.

Pensou em ligar para Tomás, mas desistiu da ideia. Precisava vê-lo, tocá-lo, e o que tinha a dizer não o faria por telefone. Resolveu deixar tudo para ser feito pessoalmente. Seguiu diretamente para o hospital.

Entrou de mansinho no quarto. Tomás estava deitado com a perna direita imobilizada e um largo curativo na cabeça. Estava com os olhos fechados, mas não parecia dormir. Ele percebeu a presença de Ana assim que ela ultrapassou a porta.

Ele a encarou por algum tempo sem nada dizer, apenas conseguiu abrir um sorriso discreto.

Ana puxou uma cadeira que estava encostada próxima à porta, colocou-a ao lado da cama e se sentou. Depois, estendeu a mão sobre a de Tomás, fazendo um carinho com os dedos.

Eles ficaram se olhando por um tempo, que nem ela ou mesmo ele pôde mensurar.

Foi Ana quem quebrou o silêncio.

— Só soube do acidente ontem, durante a festa de aniversário de Leila. Se eu tivesse sido avisada antes...

— Você não teria como ajudar. Hoje está fazendo quinze dias do acidente. Eu permaneci na UTI na primeira semana porque estava inconsciente.

Fraturei a perna direita e quebrei umas costelas, mas agora estou bem. – Ele relatou o próprio estado de saúde com uma voz serena, parecia resignado.

Enquanto conversavam bateram à porta. A enfermeira entrou acompanhada do médico. As notícias eram boas, o médico estava lá para dar alta a Tomás.

Ana sentiu-se feliz por ser ela a acompanhá-lo naquele momento de retorno para casa.

Tomás estava se apoiando em uma muleta, mas se virava bem de todo modo, apesar de estar mais magro e abatido.

Ana guiou o carro até o sítio. Conversaram apenas amenidades durante o caminho.

A casa estava limpa e organizada, provavelmente alguém havia cuidado de tudo enquanto ele esteve internado no hospital. Ana ajudou-o a se firmar na muleta e o acompanhou até o sofá.

Ele se sentou e Ana apoiou sua perna direita em um amontoado de almofadas.

Estavam em silêncio, apenas se olhando, quando Tomás murmurou:

— Ana, sente aqui no meu colo, por favor!

Ela foi pega de surpresa, mas atendeu ao pedido.

Sentou-se de forma delicada sobre ele. Aproximou o rosto ao de Tomás, passou as mãos por seu pescoço segurando-o, e respirou rente a sua boca, apoiando a sua testa na dele.

Ele fechou os olhos e soltou um longo suspiro, quase como se estive sentindo dor. Ana ameaçou se levantar, pensando que pudesse estar machucando-o, mas ele a segurou pela cintura.

— Hoje eu senti a maior felicidade da minha vida quando te vi entrando por aquela porta no hospital – ele falou de forma sofrida.

Ana fechou os olhos e encostou os lábios nos dele. Foi um beijo terno.

Quando ela abriu os olhos notou que ele a estava encarando com luxúria e que sua respiração começava a ficar entrecortada. Ela reconheceu aquele olhar faminto, apaixonado, carente.

Por alguns segundos ficou sem reação. Tomás não estava em condições de fazer nada, afinal, mas aquele olhar provocou uma onda de desejo avassalador em Ana. Sua boca secou e seus pelos arrepiaram. Meio que sem pensar beijou-o, agora com intensidade. As línguas se buscaram e se reconheceram, ele lambeu o lábio inferior de Ana e mordiscou sua bochecha e seu pescoço. Àquela altura ela já havia se perdido totalmente.

Ana abaixou-lhe o short enquanto ele erguia seu vestido e descia sua calcinha de forma apressada. Então ela abriu as pernas e se acomodou sobre o quadril de Tomás, encaixando-se sobre o sexo dele, e começou a se mover segurando um pouco o peso, temendo machucá-lo. Moveu-se com precisão até sentir Tomás totalmente dentro dela.

A dança do amor durou apenas alguns segundos. Tomás deu um gemido alto, praticamente gritando o nome de Ana. Ele já havia se derramado. Ana percebeu, nesse momento, o quanto ele estava necessitado e até mesmo desesperado. Ela teve vontade de chorar, mas conteve as lágrimas. Levantou-se do colo de Tomás e sentou-se ao seu lado, abraçando-o com toda a força que seus braços puderam imprimir.

Aos poucos, ela notou que ele já estava com a respiração controlada. Então o soltou e o encarou.

— Me desculpe! – ele falou, com um leve sorriso no rosto, mas com um olhar desolado.

— Te desculpar pelo quê, Tomás?

— Pelo meu afobamento. É que já faz muito tempo que eu... que eu não tenho ninguém. Desde quando você foi embora.

Ana ficou estarrecida com o que ele falou. *Quatro anos sem sexo?*

— Por que, Tomás?

Ela não achou nada melhor para falar senão, por quê?

— Eu te prometi, lembra? Disse que iria te esperar e que não teria outra mulher até que você voltasse. De qualquer modo, acho que fiquei enfeitiçado. Ninguém mais fez sentido para mim.

Ana estava atordoada. Deveria se sentir feliz, triste ou culpada por essa revelação? Nem ela mesma soube precisar o que sentia.

Sem pensar se levantou. Foi ao quarto, pegou um travesseiro e o acomodou nas costas de Tomás. Depois partiu para a cozinha, procurou mantimentos para preparar um jantar, e colocou água para ferver.

Vou preparar um chimarrão para esquentar nossas almas!

Assim que preparou o chimarrão voltou para a sala e o serviu. Ele tomou a bebida em silêncio e, então, começou a falar de Ricardo, o funcionário que havia morrido no acidente.

Ana se sentiu até um pouco aliviada pelo assunto ter se desviado da relação dos dois, mas o alívio passou rápido ao perceber o quanto Tomás estava atormentado.

Ricardo havia chegado há poucos dias na cidade. Era do interior do Maranhão e estava à procura de uma tia que vivia na região. A tia era muito pobre e não conseguiu recebê-lo em casa, e ele acabou conseguindo abrigo na casa de acolhimento da igreja.

Tomás o conheceu na casa de acolhimento, durante um trabalho voluntário. Resolveu dar-lhe uma oportunidade na marcenaria porque o rapaz tinha certa experiência no ramo.

— Ele mesmo se prontificou em me acompanhar para fazer a entrega em Florianópolis. No caminho de volta, Ricardo soltou o cinto de segurança para pegar uma sacola que estava no banco traseiro. Nesse exato momento, eu percebi um vulto na pista e dei um golpe no volante para desviar. Depois tudo se apagou.

Tomás prosseguiu com o relato, informando que nem mesmo a tia havia comparecido ao enterro do rapaz e não haviam localizado nenhum outro parente.

— Estela providenciou que ele fosse enterrado no cemitério da cidade. Somente ela e o padre acompanharam o enterro. Eu ainda estava na UTI.

— Ele tinha apenas 19 anos. Maldito dia que resolvi lhe dar aquele emprego.

Ana o abraçou mais uma vez se compadecendo de seu sofrimento, mas tudo era uma fatalidade, afinal, e ela só podia agradecer a Deus por ter salvado Tomás.

— Eu não sei o que seria da minha vida sem você – ela disse, e voltou à cozinha para terminar o jantar.

Eles jantaram juntos e, então, Ana o ajudou a tomar um banho. Em seguida, deitaram-se na cama e adormeceram abraçados.

***

Já fazia dois dias da viagem de Ana. Lúcio tentava falar com ela ao telefone, mas não obtinha resposta, nem mesmo as mensagens haviam sido respondidas.

Ele tentou extrair de Estela alguma informação, mas ela apenas se limitou a dizer que Ana havia ligado pedindo notícias de Leila e que nessa mesma ligação disse estar bem e que logo voltaria para casa.

Fala com Estela e nem ao menos responde uma mensagem minha? O que raio está acontecendo aqui? Ele refletiu indignado.

Algo estava errado e Lúcio iria a fundo para descobrir o que era.

De Estela ele percebeu que não conseguiria nada, então resolveu ir até o escritório de Ana.

Lúcio chegou desconfiado. Não sabia ao certo como abordaria o assunto, mas já na recepção não precisou de muita improvisação, a secretária facilitou-lhe a vida.

Ele entrou perguntando por uma das sócias de Ana, mas a mulher informou que nenhuma das duas havia chegado. Em seguida, a secretária questionou se Ana estava melhor de saúde. Nesse momento, Lúcio percebeu que Ana havia informado no escritório que estaria ausente, não por uma viagem ao Rio de Janeiro, mas por problemas de saúde.

Ele prosseguiu no assunto para entender melhor a situação. Então jogou uma conversa de que Ana iria até o Rio de Janeiro assim que estivesse melhor para, enfim, fechar a assessoria com a importadora. A secretária demonstrou estar alheia ao assunto, informando que não sabia de negociação com qualquer importadora. Então tudo ficou claro. Ana mentira sobre a viagem.

Lúcio saiu sem nem ao menos responder à secretária, que lhe ofereceu um café. Deixou a mulher falando sozinha e sem entender nada. No caminho até em casa foi martelando na cabeça como descobriria o verdadeiro destino de Ana.

Primeiramente, lembrou-se de seu agenciador de viagens. Lúcio viajava muito e não tinha paciência para marcação de voos, hotéis e demais necessidades, por isso quem cuidava dessas peculiaridades era sempre seu agenciador e a secretária pagava as despesas depois de concluídos os agendamentos.

Ele recordou que Ana lançava mão do agenciador sempre que programava viagens, especificamente viagens a lazer, já que ela nunca viajava a trabalho. Ligou imediatamente para o agenciador e perguntou sem rodeios se Ana havia solicitado alguma emissão de passagens nos últimos dias, mas o homem respondeu que não.

Ana havia comprado as passagens sem intermédios.

Voltou para casa. Chegando lá constatou que Estela havia saído para levar Leila à escola, acompanhada do motorista que atendia a família.

Lúcio ficou satisfeito por Estela ter saído. No estado emocional em que estava provavelmente iria ser grosseiro com ela e tentaria arrancar dela as informações nem que fosse à força, apesar de ter dúvidas se Estela realmente sabia do paradeiro de Ana.

Ele foi até o quarto e começou a mexer nas coisas da esposa. Abriu a gaveta do criado-mudo que ficava do lado dela da cama e percebeu que ela havia deixado o notebook. Sentiu até uma pontada de ódio, pois não tinha levado o notebook justamente por não se tratar de uma viagem a trabalho. Abriu o aparelho e constatou que estava bloqueado por senha.

Lúcio jogou duas datas aleatórias, o aniversário de Ana e o aniversário de Leila. A última data desbloqueou o aparelho.

Mexeu por alguns minutos, mas nada viu que deixasse uma pista. Então, abriu o bloco de notas e observou que Ana havia registrado lá algumas senhas de acesso. Conseguiu localizar a senha que dava acesso à página da internet do cartão de crédito de Ana. Lúcio acessou a página e abriu a fatura do cartão. Localizou os valores referentes à emissão da passagem, constando como local de destino: *Florianópolis.*

Ele se sentiu triunfante por ter tão rapidamente desvendado o mistério. Ana estava em Florianópolis e havia mentido quanto à viagem ao Rio de Janeiro. Agora restava descobrir por quê.

Deitou-se na cama profundamente deprimido. Sentia-se enganado e frustrado, e refletiu que Ana não tinha qualquer ligação com Florianópolis, a ligação possível seria com sua terra natal nas serras catarinenses.

Analisou mais um tempo a fatura do cartão e então viu mais dois lançamentos, um se referia a uma empresa de locação de veículo e o outro a uma padaria. Ele jogou o nome da padaria na internet e descobriu onde ficava. A suspeita de Lúcio se confirmou. Ana havia retornado a sua cidade natal.

Lúcio decidiu não falar nada a Estela. Obviamente, ela alertaria Ana, e ele queria surpreendê-la. Pensou em ir até a cidade no jatinho particular da família, mas, naqueles dias, a aeronave estava à disposição de seu pai que estava no Brasil.

Diante disso, comprou a passagem para Florianópolis. Sairia no dia seguinte, e de Florianópolis subiria a serra em um carro alugado.

No dia da partida inventou algumas desculpas em casa, deixou instruções à babá e aos demais funcionários, despediu-se secamente de Estela e, em seguida, foi para o aeroporto.

***

Ana levantou-se cedo, como nos outros dias, e foi até a cozinha para preparar o café da manhã. Fazia questão de servir Tomás na cama, queria que ele se esforçasse o menos possível.

Sempre que entrava no quarto carregando a bandeja ele abria um sorriso. No primeiro dia chegou a ser uma gargalhada. Tomás achava extremamente engraçado o fato de Ana querer lhe servir o café na cama.

— Não tenho costume de ser mimado desse jeito. – Apesar de falar entre um riso e outro, Tomás carregou ternura no comentário.

— Pois eu estou aqui para lhe servir, senhor. E é por egoísmo também, já que só poderei ir embora quando você estiver bem recuperado. – Ana brincou e sorriu graciosamente.

Tomás ficou sério, até franziu a testa.

— Você já está falando em ir embora...

Ana se levantara da cama depois de ter encaixado a bandeja no colo de Tomás. Ele começou a mordiscar o pão, mas a fome havia sumido e o silêncio pairou entre os dois.

Tomás se levantou com dificuldade. Detestava se apoiar nas muletas e ainda sentia alguma dor nas costelas. O ferimento da cabeça já estava cicatrizando, dispensando o curativo.

Ele foi até o banheiro e fez sua higiene pessoal. Ana o ajudava no banho, mas naquela hora da manhã ele não estava disposto a dispender um esforço descomunal para se banhar com aquela perna imobilizada, engessada até um pouco acima do joelho.

Foi para a sala, fez menção de ir até a marcenaria para ver como estavam os trabalhos, mas desistiu em seguida. A caminhada, que era curta, transformava-se em uma maratona devido às malditas muletas.

Voltou-se para Ana. Ela estava sentada no sofá, concentrada em um livro. Ele sentou-se ao lado dela. Queria falar do futuro, mas não sabia nem por onde começar.

Lúcio estava no aeroporto, logo pegaria o voo para Florianópolis. Repassava as informações que tinha. Já sabia que Ana não havia se hospedado em nenhuma pousada ou hotel, pois na fatura do cartão de crédito não havia nenhuma despesa dessa natureza. Concluiu que estaria na casa de Estela ou mesmo em sua própria chácara, que, de modo irritante, Ana insistia em querer manter. Essa lembrança provocava ainda mais irritação em Lúcio. De qualquer modo, ele ponderou que na chácara seria difícil de Ana estar, pois o local estava sempre disponível para aluguel e a possibilidade de estar alugada era grande.

Poderia também estar na casa de algum conhecido, mas a única amiga mais próxima que ele se recordava que Ana tinha naquele lugar era Julia, no entanto, há alguns anos Ana havia comentado que Julia tinha se mudado para Minas Gerais com a família.

Enquanto divagava em pensamentos, ouviu a chamada para o embarque. Em poucas horas estaria em Florianópolis e depois subiria a serra.

Lúcio chegou à cidade no meio da tarde. Não sabia ao certo o que fazer. Ao menos se recordava do caminho até a chácara de Estela. Antes, passou em um hotel e reservou estadia, deixando a mala – uma pequena bagagem com apenas uma muda de roupa.

Chegando à casa de Estela chamou diversas vezes, mas não tinha ninguém. Pela sujeira na entrada da casa – folhas caídas, poeira acumulada –, constatou que a casa estava sem ninguém há vários dias. Ana, certamente, não estava na casa.

Ficou meio sem rumo, mas lembrou-se da padaria onde Ana havia feito compras com o cartão. Jogou o nome do local no aplicativo de localização do celular e descobriu o endereço. Tocou direto para lá.

Até então ele havia contado com a sorte para desvendar as mentiras de Ana, e na padaria talvez conseguisse alguma pista. Entrou no estabelecimento, pediu um café, um pão com manteiga e alguns biscoitos, e passou a observar a pequena padaria. Logo notou que o homem que estava no caixa provavelmente era o proprietário do local, pois conversava de forma amistosa com todos os clientes, perguntando da família de cada um.

Típico de cidade do interior, pensou.

Lúcio resolveu fazer uma aposta consigo mesmo. Certamente, o homem conhecia Estela e, por sua vez, poderia se recordar de Ana.

No interior todo mundo se conhece.

— Boa tarde! O senhor fornece um pão e biscoitos dignos dos grandes centros. Para falar a verdade moro em São Paulo e não me recordo de nenhuma padaria de lá com um pão tão crocante.

— Eu e minha esposa estamos a passeio na cidade. Viemos visitar uma amiga da família. O nome dela é Estela. Ela era professora na escola municipal e mora em uma chácara não muito longe daqui. O senhor por acaso a conhece?

O homem abriu um sorriso que iluminou o rosto todo, nitidamente envaidecido pelos elogios e retumbante por mencionar uma conhecida.

— Estela? Claro que sim! Somos amigos há anos!

— O senhor é o marido da Ana? Ela esteve aqui há poucos dias fazendo compras. Fiquei até emocionado em reencontrá-la. Conheci muito Beatriz, a mãe da Ana. Gostava tanto daquela menina... Uma perda tão precoce. Sabe que me lembro de uma vez...

O homem desatou a falar, contando histórias de Beatriz. Lúcio estava para voar por cima do balcão, agarrar a garganta dele e lhe arrancar os dentes, mas se conteve porque o rumo da conversa poderia acabar indicando o paradeiro de Ana. Depois de um longo tempo, que para Lúcio pareceu uma eternidade, o homem, enfim, deu uma brecha, e ele pôde jogar uma conversa para extrair o máximo de informação.

Tinha que ocultar o fato de Estela não estar na cidade. Se o homem soubesse da viagem dela ficaria difícil formular uma desculpa perfeita.

Lúcio pigarreou um pouco, tentando achar as palavras certas e contar uma história convincente e, então, prosseguiu:

— Ana já está aqui há alguns dias, mas eu cheguei somente hoje. Por uma infelicidade, meu celular estragou e perdi o contato com ela e Estela. Para piorar, fui até a chácara, mas não estavam lá. Esperei horas e nada.

O homem ouviu o relato e de forma solícita ofereceu a Lúcio o próprio telefone para que ele tentasse ligar para Ana ou Estela.

Lúcio praguejou em sua mente, mas de forma descarada agradeceu, dizendo que não sabia de cor nem mesmo o telefone da própria esposa.

— Sou péssimo para decorar números – disse, de forma dissimulada e com um sorriso afetado.

O homem prosseguiu no assunto. Abriu um sorriso falando que o ideal seria Lúcio retornar à chácara de Estela e esperá-las voltar, mas, de repente, como se não conseguisse conter a vontade de falar de forma ininterrupta, acabou por matar a charada.

— Sabe, Estela deve estar com Tomás. Pobre homem, o acidente que sofreu foi terrível. Se não fosse Estela para cuidar de tudo nem sei o que teria sido dele, afinal, um funcionário acabou morrendo no acidente e Tomás, na UTI por tantos dias, não pôde ajudar em muita coisa.

Lúcio ficou com a garganta seca. Tomás? Ele conhecia esse nome, mas demorou alguns minutos para se recordar quem era. De qualquer forma, não viu de imediato motivo para aquilo ter alguma relação com Ana, até que o homem finalizou o assunto.

— Certamente, elas estão no sítio com Tomás. Inclusive, foi Ana mesmo quem me deu a notícia de que Tomás já havia recebido alta. No dia em que ela esteve aqui conversamos muito tempo e ela me atualizou sobre o estado de saúde dele. Graças a Deus está fora de perigo agora.

Ana, Tomás e Estela numa mesma frase. Lúcio já não tinha mais dúvidas. Ana estava na cidade com um homem chamado Tomás. De repente, como se um filme tivesse sido ligado dentro da própria cabeça, ele se recordou de Tomás. O namorado da mãe de Ana, o marceneiro, o homem a quem ele odiara por algum tempo, mas que depois havia desaparecido de suas vidas, não parecendo representar nenhum perigo.

Lúcio se recordou de como Ana olhava para Tomás. Recordou-se também, nitidamente, do dia em que se conheceram e que Ana havia saído da feira de forma descontrolada logo após ter esbarrado com o tal sujeito. Tudo isso fez com que a alma de Lúcio gelasse. Foi difícil disfarçar o choque, mas ele ainda precisava extrair do homem o endereço de Tomás.

Ele pediu ao homem que lhe indicasse o banheiro. Antes, deu um sorriso, concordando que, realmente, elas deveriam estar com Tomás. O proprietário da padaria, com certeza, concluiu que Lúcio era íntimo de Tomás assim como Ana e Estela.

Ele foi ao banheiro e lavou o rosto. Deu um murro na parede para descarregar a raiva e voltou para o caixa.

— Eu já fui à casa de Tomás, mas faz muito tempo. Poderia me indicar o endereço? Bom que encontro as duas e já faço uma visita ao amigo.

Sentindo-se útil, o homem pegou um papel e arriscou até a fazer um mapa, já que o sítio ficava numa estrada de chão. Despediu-se de Lúcio alegremente.

Lúcio entrou no carro, saiu de forma lenta, com ódio nos olhos e com o coração dilacerado.

Durante o percurso foi tentando achar alguma explicação lógica em tudo aquilo. *Tomás? Como Ana havia retomado o convívio com aquele homem?*

Nas contas de Lúcio, Ana ficara vários anos longe daquela cidade, e até onde era de seu conhecimento, Tomás nunca havia visitado Ana em São Paulo. Além do mais, tinham morado vários anos nos EUA.

De repente, ele se recordou que quatro ou cinco anos atrás, Ana visitara Estela. Concluiu em fúria que deve ter sido nessa época que tudo se deu ou que tudo foi retomado.

Será que já tinham um caso antes mesmo de nos casarmos? Esse pensamento lhe fez embrulhar o estômago.

Quanto mais refletia mais ódio sentia. Em um rompante de desespero começou a tentar achar alguma explicação para aquilo que fosse diferente de adultério.

Talvez Ana conseguisse se justificar. Talvez não estivesse tendo um caso. Talvez estivesse apenas visitando um amigo, já que o dono da padaria havia comentado sobre um acidente gravíssimo envolvendo Tomás.

Mas em meio a todo esse delírio, forçou-se a admitir que nada justificaria a mentira. A mentira, obviamente, dera-se porque ela o estava traindo. Após chegar a essa conclusão passou a ter medo do que iria encontrar. Será que suportaria encarar a verdade?

***

Ana estava na cozinha pensando no que iria preparar para o jantar. Tomás estava na sala, sentado no sofá, com a perna direita apoiada em um tamborete. Ela concluiu que iria preparar uma sopa de legumes. A noite já havia caído e o frio começava a espreitar.

Foi até a sala, perguntou a Tomás o que ele achava da ideia da sopa de legumes. Ele respondeu com um largo sorriso:

— Adoro sopa de legumes, jovem Ana!

— Jovem? – Ela caiu na gargalhada. – Tomás, por que me chamou assim?

— Ora, porque você é uma jovem linda.

— Apesar dos meus quase 37 anos e dos meus fios brancos que já começam a despontar?

— Apesar disso! – Ele riu de forma graciosa.

De repente, o rosto de Ana se iluminou. O comentário de Tomás remeteu sua memória ao dia em que se conheceram.

— Tomás, quando nos conhecemos você se referiu a mim com essa mesma expressão: "jovem Ana". Acho que foi naquele momento, mesmo ainda sendo uma criança, que me apaixonei por você. É engraçado lembrar-me disso agora.

Ele suavizou o sorriso, disse que não se recordava do momento, mas pediu que ela se aproximasse.

— Para mim você sempre será bela e jovem. E espero que seja minha para o resto da vida.

Ana não resistiu à declaração e o beijou com paixão.

Enquanto se beijavam a maçaneta da porta da sala girou. Alguém entrou tentando não emitir qualquer som, e de frente para a porta, apenas a quatro metros de distância ficava o sofá em que Ana e Tomás estavam se beijando.

Lúcio sentiu o coração parar de bater. Ficou por alguns segundos ali, em pé, de frente àquela cena que, para ele, pareceu grotesca.

Foi Ana quem sentiu a presença de alguém. Olhou de relance para o lado e se deparou com Lúcio, parado, com os olhos vidrados.

Oh, meu Deus! Lúcio?

Ana se levantou em um rompante e antes que pudesse entender qualquer coisa só viu Lúcio partir como um animal irracional e feroz para cima de Tomás.

Ele estava sentado com a perna esticada. Não teve qualquer reação. Lúcio deu-lhe um soco no rosto que fez Tomás girar com força e cair do sofá, derrubando o tamborete.

Ana tentou segurar Lúcio, agarrando-o pelas costas, mas ele estava enfurecido, virou-se e a empurrou com um soco no peito. Ela se desequilibrou e caiu no chão.

Enquanto Ana e Lúcio travavam aquele embate, Tomás se levantou apoiando na perna fraturada. Ele ignorou completamente a dor, o ódio lhe ofuscou o sentido e ele só conseguia ver Ana sendo agredida.

Partiu para cima de Lúcio e o socou nas costelas. Ele se virou com o fôlego cortado e avançou sobre Tomás. Ana, perplexa, ainda continuava no chão com uma dor dilacerando o peito onde havia recebido o soco.

Por alguns segundos conseguiu avaliar a cena. Tomás era mais forte que Lúcio, mais alto e acostumado a trabalhos braçais. Certamente, conseguiria acabar com Lúcio até com uma perna quebrada.

A conclusão fez Ana livrar-se do torpor e se levantar. Ela avançou sobre os dois, segurou Tomás e aos berros pediu para que ele se afastasse de Lúcio. Como Tomás não a escutou, ela se enfiou entre os dois de forma desesperada, esticando os braços, fazendo uma força descomunal para manter Lúcio e Tomás afastados. Então, começou a chorar, soluçando e falando de forma exacerbada:

— Lúcio, pelo amor de Deus, vamos conversar! Pense em Leila! Não podemos nos matar aqui! Temos uma filha para criar!

A menção ao nome de Leila acabou por refrear a raiva de Lúcio. Ele se afastou um pouco, sentiu o sangue escorrer pela face. Tomás havia acertado um murro em seu supercílio direito e só agora percebia o sangue.

Tomás se afastou também. No entanto, ele estava apenas com um inchaço no olho esquerdo, do soco que Lúcio havia lhe impingido quando entrou e o pegou desprevenido. Já a perna doía de forma dilacerante.

Lúcio olhou para Ana com fogo nos olhos.

— Sua vagabunda! Como tem coragem de largar sua filha em casa, de mentir para mim de forma descarada e vir para este fim de mundo fornicar com esse ninguém?

Aquelas palavras de Lúcio fizeram o sangue de Tomás ferver e ele tencionou a atacá-lo novamente. Ana, prevendo a situação, olhou para Tomás e em súplica pediu para que se afastasse, pois precisava conversar com o marido.

— Saia daqui, Tomás. Me deixe conversar com Lúcio. Eu te imploro, por favor!

Lúcio se virou de repente, deu um berro com Ana e se dirigiu para a porta quase correndo.

— Eu não vou ficar aqui mais nenhum segundo, sua maldita. Já vi o que precisava. Estou indo embora. Pode ficar com seu amante para terminarem o que eu interrompi.

Então Lúcio saiu, batendo a porta com fúria.

Ana sentiu os joelhos dobrarem. Caiu no sofá, levou as mãos ao rosto, começou a chorar de forma descontrolada.

Tomás ficou em pé, atordoado. Saiu à porta para verificar se Lúcio havia realmente partido. Viu-o fazendo o percurso até a porteira. Voltou para dentro, trancou a porta para evitar que Lúcio entrasse caso resolvesse retornar para continuarem a briga até se matarem.

Aproximou-se de Ana. Com extrema dificuldade, sentou-se no sofá e a abraçou. Ela soluçava em seus braços, desconsolada.

— O que foi que eu fiz? Como isso aconteceu? Como ele chegou até aqui? – Ana falou desolada.

Lúcio entrou no carro, tentando conter o sangramento. Retirou a camisa, colocando-a por cima do supercílio rasgado. Saiu derrapando os pneus. O peito doía de uma forma indescritível e sentia vergonha. Sentia-se um corno completamente idiota.

PARTE 8

O FIM COMO CONSEQUÊNCIA

Se tudo que sobrar for dor, então que dor tenha, mas ao menos não será acusada de não ter amado e de não ter se dado ao máximo por aquele amor.

Leila permaneceu em casa morando com Lúcio. Ana jamais impeliria à filha o sofrimento de ser arrancada de sua casa e de sua rotina de forma abrupta.

A guarda compartilhada de Leila entre Ana e Lúcio jamais daria certo. Ele passou a odiar Ana com a mesma intensidade com que um dia lhe teve amor. O convívio, ainda que mínimo, era impossível. O máximo de convivência que poderia haver era um dos dois ficar com a guarda unilateral e exclusiva da criança enquanto o outro ficaria apenas com o direito a visitas.

O processo de separação se tornou longo e doloroso. Ana abriu mão de qualquer direito patrimonial, até porque existia o acordo pré-nupcial e ela não teria direito a muita coisa, mas a guerra se travou entre ela e Lúcio pela guarda de Leila.

A convivência entre ambos se tornara insustentável. Lúcio criava obstáculos enormes para que Ana convivesse com Leila, e a menina, no final das contas, passou a se tornar arredia com a mãe.

Ana tinha plena consciência de que os empecilhos criados por Lúcio para que ela convivesse com Leila poderiam ser rechaçados na Justiça. Por ser advogada, conhecia bem mais que Lúcio o conceito de Alienação Parental, que era justamente o que Lúcio fazia, envenenando Leila contra a mãe de maneira sutil e perversa. E a menina era tão apaixonada pelo pai que Ana optava por evitar um confronto maior.

Levar Lúcio à Justiça com a alegação de que ele estava interferindo propositalmente no modo como a filha via e convivia com a mãe só traria mais sofrimento ainda para a criança, e tudo que Ana queria evitar era que Leila sofresse mais do que já vinha sofrendo. Então, Ana resolveu deixar o tempo curar a ferida e, enquanto isso, aproveitava ao máximo os momentos que tinha com Leila e esperava que a Justiça decidisse a quem seria dada a guarda definitiva.

Ana buscava Leila na escola às segundas, quartas e sextas, e havia alugado um apartamento próximo à casa da filha para tentar vê-la sempre que Lúcio não estivesse em casa. Evitava ao máximo os encontros, que sempre se encerrava em brigas e ofensas.

Em uma quarta-feira, dia de mãe e filha ficarem juntas, Ana buscou Leila na escola, mas a menina pediu que a levasse para casa, pois não queria passar o dia ao lado da mãe.

— Quero ir para casa, ficar com minhas bonecas, dormir na minha cama e almoçar com meu pai – Leila falou chorosa.

Ana não suportava a frustração de ver que Leila, apesar da tenra idade, parecia ter amadurecido precocemente devido à separação dos pais. O mundo da menina, antes encantado, havia se transformado em uma tormenta em que pai e mãe disputavam sua atenção e se digladiavam como inimigos mortais.

Nesse dia Ana levou Leila para casa. Mas o comportamento se repetiu por mais vezes ao longo das semanas. Ao fim de dois meses, Ana havia conseguido ficar junto à filha apenas alguns poucos dias.

O trabalho no escritório de advocacia estava relegado a escanteio. Por sorte Ana havia feito uma poupança considerável, guardando grande parte da gorda mesada que recebia de Lúcio enquanto estiveram casados, além de poupar boa parte dos lucros advindos do escritório, por isso não estava se importando muito com a queda brusca em seus rendimentos.

Ana passava os dias se dedicando ao processo de guarda de Leila e passou a viajar com frequência para Santa Catarina, pois já não suportava ficar muito tempo longe de Tomás. E em meio a todo esse caos, ao menos os dois, enfim, estavam juntos, ainda que se relacionando a distância.

Tomás havia insistido com Ana para se mudar para São Paulo, mas ela refutava a ideia. Tinha a plena convicção de que Tomás jamais seria feliz em uma cidade grande e tumultuada como São Paulo.

Mas, na verdade, mesmo que não quisesse admitir, pelas consequências gravíssimas que teria na convivência com Leila e mesmo no relacionamento com Tomás, Ana adorava ter um motivo para retornar com mais frequência às serras catarinenses. Sentia, com intensidade e com uma pontada de desespero, que a felicidade verdadeira estava lá, ela pertencia aquele lugar.

Um dia, após retornar de mais uma viagem a Santa Catarina, Ana se dirigiu diretamente para a casa de Lúcio. Estava desesperada de saudade de Leila e a menina se recusava a falar com ela pelo telefone. As únicas notícias que tinha vinham da babá, que sempre mantinha Ana informada da rotina da filha.

Quando chegou ao portão, um dos seguranças, que obviamente a conhecia, chamou no interfone da casa pedindo que a babá fosse ao encontro de Ana, mas para a surpresa de todos, quem apareceu foi Lúcio.

— O que você está fazendo aqui? – ele falou em um tom baixo, mas altamente arrogante.

— Vim ver minha filha. Há dias tento falar com ela por telefone, mas ela não me atende, se recusa a falar comigo. Estou cansada disso, Lúcio. Vou levar essa situação às últimas consequências. Vou processar você por Alienação Parental. Está transferindo para Leila seu ódio e rancor pelo fim do nosso casamento, por eu ter me apaixonado por...

Antes que Ana concluísse a frase, Lúcio a interrompeu, pegando em seu braço de forma brusca, e a puxou para dentro da propriedade. Os seguranças que estavam na guarita acharam a cena estranha, mas optaram por não interferir.

Lúcio conduziu Ana atravessando o jardim, entrou pela porta da sala e só então soltou seu braço.

— Não ouse mencionar o nome daquele desgraçado na minha casa, em frente aos meus empregados, ouviu?! – Lúcio falou aos berros.

— Isso já passou de todos os limites. Já fui punida o bastante. Deixei Leila ficar com você até que a Justiça defina com quem ficará a guarda, mas não vou mais aceitar que você interfira nos momentos que tenho com minha filha. Chega!

— Depois de tudo o que você fez, traindo a mim daquela maneira sórdida, acha mesmo que pode vir até aqui me ameaçar e fazer escândalo na porta da minha casa? O que me conforta, sua ordinária, é recordar que tive várias mulheres ao longo do nosso relacionamento. Ou acha mesmo que suportei anos de sua frieza e frigidez sem ter ninguém!

— Você pode tentar me atingir o quanto quiser. Se você teve amantes ao longo dos anos então estamos quites, não é?! – Ana falou aos berros, e prosseguiu:

— Eu amo minha filha acima de tudo! Chega! Não aceito mais a sua interferência!

— Você ama a sua filha? – Lúcio começou a gargalhar de forma descontrolada.

— E vagabundas por acaso sabem o que é amor?

Essa frase foi a gota d'água. Antes que Ana pudesse pensar, viu-se levantando a mão direita e esbofeteando com toda a força o rosto de Lúcio. Ele chegou a cambalear com a bofetada, e logo que se recuperou partiu para cima de Ana com fúria. Mas antes de fazer qualquer coisa, ouviu um choro abafado, e ao olhar à porta que dava acesso ao corredor dos quartos se deparou com Leila parada, segurando a bonequinha de pano que Estela havia lhe dado em seu aniversário de 4 anos. A menina chorava compulsivamente e abraçava a boneca com tanta força que se fosse um ser vivo já teria sido estrangulado.

Ana levou a mão à boca, em choque, tentou controlar a própria emoção e correu até Leila e abraçou a menina com delicadeza. Afagou seus cabelos, dizendo:

— Vai ficar tudo bem, meu amor. Perdoe a mamãe e o papai!

Lúcio, tentando controlar a respiração, passou as mãos pelos cabelos, foi até o lavabo, jogou uma água no rosto e voltou para a sala.

Leila se desvencilhou dos braços de Ana e correu para o colo do pai. Deu-lhe um abraço apertado e falou aos soluços:

— Papai, você vai bater na mamãe?

Lúcio sentiu o coração parar. Ele só conseguiu abraçar Leila pedindo perdão.

— Tudo vai ficar bem, meu amor! Papai e mamãe tiveram uma discussão, mas tudo vai ficar bem. Nos perdoe.

Aos poucos Leila cessou o choro e, agarrada à bonequinha, pediu que Lúcio a levasse para o quarto.

Ana foi até os dois, tirou a menina do colo de Lúcio e deu-lhe um abraço, beijou seu rosto e reafirmou que tudo ficaria bem. Leila deu um beijo discreto na bochecha de Ana, mas repetiu que queria ir para o quarto.

Ana se afastou e saiu da casa. Atravessou o jardim da propriedade aos prantos. Saiu pelo portão sem sequer olhar para os seguranças.

Alguns dias após a discussão, Lúcio pediu que a babá comunicasse a Ana que Leila iria se consultar com uma psicóloga. A menina estava extremamente abalada e vinha sofrendo com ataques de pânico. A notícia deixou Ana arrasada.

As visitas à criança começaram a ficar mais frequentes. Lúcio pareceu, enfim, entender que o bem-estar de Leila era o que mais interessava. Felizmente, passou a não mais colocar empecilhos na convivência entre mãe e filha.

As consultas de Leila à psicóloga estavam fazendo bem à menina e Ana tinha certeza de que logo sairia a sentença decidindo de forma definitiva quanto à guarda de Leila. Parecia que aquele inferno estava chegando ao fim.

Alguns dias antes da definição sobre a guarda pela Justiça, Ana levou Leila até seu apartamento. Havia montado um quartinho para a filha, discreto, bem diferente do luxo encontrado na casa do pai, mas aconchegante e repleto de amor.

Leila gostava do quarto, já havia dormido lá algumas vezes, mas Ana sentia que a menina ficava desconfortável fora de casa. Apesar de fazer mais de um ano que Ana estava morando naquele apartamento, Leila ainda não conseguia se sentir a vontade.

Lúcio já não interferia mais no relacionamento das duas, mas para a profunda decepção de Ana, era inegável que a felicidade de Leila se encontrava em morar na casa onde havia nascido e crescido ao lado dos pais. E por mais que Ana relutasse em admitir, aquele apartamento jamais seria visto por Leila como um lar. E mais, Leila tinha verdadeira adoração por Lúcio.

Pensar em levar Leila para morar em Santa Catarina, então, era inconcebível. Ana tinha plena convicção de que juiz algum no mundo lhe daria a guarda de Leila sabendo que, em seguida, ela se mudaria para outro estado, afastando a menina do pai, de suas origens, de sua rotina, enfim, de sua vida.

Ana havia, de fato, chegado a um impasse.

E dentro desse contexto de dor e angústia, exatamente um ano e meio após o fatídico dia em que Lúcio flagrara Ana com Tomás, a separação dos dois foi homologada.

E para proteger Leila, Ana abdicou.

Ainda doía forte a lembrança do dia em que Ana, com o coração na boca, pegou o telefone e ligou para o advogado de Lúcio comunicando que iria abrir mão da guarda de Leila, pedindo apenas que entrassem em um acordo quanto ao direito de visitas e referente às férias escolares.

Lúcio concordou que Ana teria direito a visitar Leila sempre que quisesse, não necessitando marcar hora ou dia. Desde que respeitasse a rotina de deveres da criança. Iriam, ainda, intercalar os finais de semanas, e as férias de julho e a primeira quinzena de dezembro a menina passaria ao lado da mãe. E daquele dia em diante, Leila passou a morar com o pai de forma definitiva.

Ana não iria mais ver Leila acordar e dormir todos os dias. Não acompanharia as brincadeiras cotidianas, nem seria a primeira a notar quando a filha apresentasse algum mal-estar, coisa tão comum em crianças. Mas a sua decisão, apesar de tão dolorosa, era a mais acertada para a felicidade de Leila.

No final das contas, o amor de Ana por Tomás havia feito com que ela perdesse a filha. Esse era um sentimento impossível de ser vencido.

Após a homologação do divórcio e a definição da guarda, Ana foi acometida de uma depressão profunda. Não conseguia se levantar da cama para ir ao escritório, apenas saía do apartamento uma vez ao dia para ver Leila. Parou de falar com Tomás ao telefone e nem mesmo Estela conseguia notícias.

Um dia, ao retornar ao apartamento, vindo da casa de Lúcio depois de ter passado algumas horas com Leila, viu Tomás em pé, do lado de fora do prédio. Eles subiram juntos sem trocarem uma palavra. Quando entraram no apartamento, Tomás percebeu que o lugar estava desarrumado. Na cozinha, notou vasilhas sujas, que deveriam estar acumuladas há vários dias.

Tomás estava consternado, mas conseguiu falar.

— Eu fiquei preocupado com você! Não atende mais ao telefone, nem responde minhas mensagens. Nem mesmo Estela tem notícias suas. Não faça isso conosco, meu amor!

Ana desatou a chorar. Tomás foi ao seu encontro e a envolveu em seus braços. Beijou seus olhos e suas lágrimas, acariciando seus cabelos. Depois de alguns minutos ela se recompôs.

— Eu perdi minha filha! Decidi abrir mão da guarda. Leila vai morar definitivamente com Lúcio. Eu fiquei apenas com direito a visitas – Ana falou com uma tristeza dilacerante, e prosseguiu contando que depois de muito refletir havia chegado à conclusão de que para a filha era melhor manter a rotina e ficar morando com o pai.

— Ana, conheço seu sofrimento. Também perdi a convivência diária com meu filho e sei bem o peso dessa dor, mas acredito que isso ainda possa ser revertido. Leila é muito criança ainda, logo irá crescer e quando começar a compreender melhor as dificuldades da vida necessitará de sua presença, de seus conselhos, de sua sabedoria como mulher, e pode ser que ela mesma decida viver com você. Além do mais, você estará sempre ao lado dela. Você não perdeu sua filha! Você não perdeu sua filha! – ele enfatizou a frase por várias vezes.

Ana se soltou dos braços de Tomás, levantou a cabeça um pouco confusa e, então, fulminou-o com os olhos.

— Foi o meu amor por você que fez com que eu chegasse ao ponto de abrir mão do dia a dia com a minha filha. Não sei se poderei superar isso. Não acho que eu consiga manter nossa relação. E também não poderei me mudar de São Paulo, porque isso me afastaria ainda mais de Leila.

Tomás temia aquelas palavras, mas estava convicto de que o amor dos dois superaria a dor de Ana.

— Você está ferida agora. Não é o momento certo para tomar qualquer decisão. E eu já falei diversas vezes que posso me mudar para São Paulo. Jamais iria impor a você que se distanciasse ainda mais de Leila.

— Ah, Tomás, por favor, você em São Paulo? Acredito realmente que ao final de alguns meses já estaria me odiando. Isso daqui não é lugar para você.

Tomás não ia discutir. Sabia bem que a dor pode cegar, portanto, confiante em sua certeza de que jamais deixaria Ana novamente, ele simplesmente cortou o assunto.

— Ana, eu cheguei agora de viagem, estou cansado, queria tomar um banho e descansar. Você me permite ficar só por um tempo?

Com isso ele colocou um fim à discussão. Ana não negaria algumas horas de descanso a Tomás, por mais arrasada que estivesse.

Ele não desfez as malas. Retirou apenas uma muda de roupa para trocar após o banho. Depois foi até o quarto de Ana e deitou na cama dela. Sem perceber, acabou caindo no sono.

Ela entrou de mansinho no quarto, sentou-se ao lado de Tomás na cama e ficou observando-o dormir. Apesar da tristeza dilacerante que sentia, a presença de Tomás aplacou um pouco a sua dor.

Era inegável a sensação de paz que a simples presença de Tomás trazia. Eram sentimentos muito conflitantes, afinal, há poucos minutos estava atribuindo a ele toda a tragédia da sua vida, o fato de ter se afastado de Leila, mas, ao mesmo tempo, sentia uma ternura e um amor intenso, que a fazia sair do abismo, trazendo-a novamente à superfície da própria existência.

Ana aninhou-se em seus braços. Ele despertou um pouco com o contato, mas não disse nada, apenas a abraçou, cheirou seus cabelos, beijou sua nuca e, em seguida, adormeceu novamente.

Naquela posição de conforto Ana passou a refletir. Não sabia o que o futuro reservava, não sabia ao certo por quanto tempo conseguiria manter a vida naquele ritmo, relacionando-se com ele a distância e vendo a filha apenas algumas horas do dia, mas, naquele instante, reconfortada nos braços do homem que amava, teve uma certeza: não abriria mão daquele amor, aquele era Tomás, a quem havia amado por toda uma vida, e de um jeito ou de outro eles conseguiriam vencer os obstáculos do destino e ficariam juntos.

Após algum tempo adormeceu serena, e no meio de um sono pesado começou a sonhar.

Tinha novamente 17 anos. Vestia um belo vestido branco e rodado, entrava flutuando por uma igreja de tijolos à vista, vitrais pintados com cores sóbrias e teto de madeira. Reconheceu a construção, era a igreja de sua cidade, nas serras catarinenses. Do lado de fora nevava. Olhou para o altar todo adornado com ramos de alecrim e rosas brancas. Em pé parado ao lado do padre estava um belo homem usando um terno acinzentado. Reconheceu Tomás, mas ele estava com a aparência de agora e não jovem, como Ana.

Uma menininha sorridente segurava um buquê de flores, olhava para Ana com grande felicidade e também flutuava pelo altar. Era Leila, abençoando a união de Ana e Tomás.

Os bancos estavam repletos de amigos, dentre eles estavam Estela e Beatriz. Um pouco à frente, sentado ao lado de Julia, reconheceu Lúcio, com um traje bonito, e parecia sorrir.

Ao fundo tocava uma bela música que poderia traduzir todo aquele instante. Ela conhecia a música: *The perfect life*.

E ao som dessa melodia, inebriados pela felicidade, Ana e Tomás se casaram e o mundo pareceu voltar a girar, colocando tudo em seu devido lugar, ainda que fosse pelo parco momento de um sonho.

NOTAS DA AUTORA

Quando comecei a escrever *Todo amor que podemos ter* quis ambientar a história em um local frio, onde os personagens pudessem tomar vinho em frente a lareiras e se esquentarem com cachecóis e echarpes, por isso optei pelas serras de Santa Catarina, pois lá, além da beleza exuberante, é onde se registram as temperaturas mais baixas do país.

No entanto, optei por não apontar uma cidade específica, e isso fiz de propósito, pois eu quis deixar a cargo do imaginário de cada leitor definir em qual cidade daquele cantinho bucólico do nosso Brasil se passou essa história de amor.

Limito-me a dizer que, na minha imaginação, tanto Tomás como Ana possuem propriedades rurais pertencentes a um município que fica encrustado ali, naquelas belas serras, entre Lages, São Joaquim e Urubici, e que essa cidade possui muitas pousadas, que ficam lotadas de turistas no inverno, sempre a espera da neve, e que possui como principal fonte de renda a produção de maçãs. Se essa cidade realmente existe ou se ficará apenas a cargo da ficção, deixo por conta de cada leitor essa decisão.

Outro ponto que acho importante mencionar é referente à questão da Alienação Parental que foi abordada na Parte 8 do livro, intitulada de O FIM COMO CONSEQUÊNCIA.

Em várias passagens Ana adverte Lúcio quanto à possibilidade de processá-lo por Alienação Parental, quando ele passa a criar obstáculos para que ela conviva com Leila.

Acho interessante deixar a informação de que, apesar de a história ser uma ficção, esse instituto não é e realmente existe no ordenamento jurídico brasileiro, tendo sido regulamentado pela Lei[2] n.º 12.318, de 26 de agosto de 2010, no intuito de resguardar os direitos individuais da criança e do adolescente.

---

[2] BRASIL. *Lei Federal n.º 12.318 de 26 de agosto de 2010.* Dispõe sobre a alienação parental e altera o art. 236 da Lei no 8.069, de 13 de julho de 1990. Disponível em: http://www.planalto.gov.br/ccivil_03/_ato2007-2010/2010/lei/l12318.htm. Acesso em: nov. 2020

Essa lei, em seu artigo 2º, define o que é Alienação Parental, bem como exemplifica em seu parágrafo único quais atos fazem parte dela.

Como é de extrema importância transmitir um pouco de conhecimento sobre esse tema, coloco aqui um pedacinho da lei.

Art. 2º Considera-se ato de alienação parental a interferência na formação psicológica da criança ou do adolescente promovida ou induzida por um dos genitores, pelos avós ou pelos que tenham a criança ou adolescente sob a sua autoridade, guarda ou vigilância para que repudie genitor ou que cause prejuízo ao estabelecimento ou à manutenção de vínculos com este.

Parágrafo único. São formas exemplificativas de alienação parental, além dos atos assim declarados pelo juiz ou constatados por perícia, praticados diretamente ou com auxílio de terceiros:

I - realizar campanha de desqualificação da conduta do genitor no exercício da paternidade ou maternidade;

II - dificultar o exercício da autoridade parental;

III - dificultar contato de criança ou adolescente com genitor;

IV - dificultar o exercício do direito regulamentado de convivência familiar;

V - omitir deliberadamente a genitor informações pessoais relevantes sobre a criança ou adolescente, inclusive escolares, médicas e alterações de endereço;

VI - apresentar falsa denúncia contra genitor, contra familiares deste ou contra avós, para obstar ou dificultar a convivência deles com a criança ou adolescente;

VII - mudar o domicílio para local distante, sem justificativa, visando a dificultar a convivência da criança ou adolescente com o outro genitor, com familiares deste ou com avós.

É possível extrair da letra da lei que, independentemente do que ocorra entre homem e mulher enquanto casal, o que importa e o que deve prevalecer é sempre o interesse da criança e/ou adolescente, portanto, Ana estava dentro do seu direito de repudiar as atitudes de Lúcio pelos empecilhos por ele criados, apesar de, na história, Ana ter optado por não levá-lo à Justiça, por acreditar que isso traria mais sofrimento ainda à pequena Leila.

No mais, peço ao leitor que caso identifique alguma impropriedade geográfica, cronológica, cultural ou mesmo jurídica na obra, que releve e deixe a cargo da licença poética.

Com carinho,

LMC Oliveira